10㎝ぬい & 15㎝ぬい サイズ

推しぬい
コーディネート
BOOK

日本文芸社

Contents

Part 1

ソーイングで作る
ぬい服とこもの＆アクセサリー

Part 2

編み物で作る

ぬい服とこもの

ニットのぬい服とこもの

Part 3

型 紙

COLUMN

推しぬいをおしゃれにコーディネート！

この本では、ソーイング、編み物、アクセサリーの基本的な
作り方を用いて、本物みたいなおしゃれアイテムが作れます。
お好みでコーディネートして楽しんで!!
ここでは一部のアイテムを紹介するよ。

ソーイング

靴下で作る
洋服＋ルームウェア

もこもこ素材をいかして、
本格的なウェアも作れます。
好きな柄の靴下を探して作ってみて！

編み物

基本の編み方だけで
できる
セーター＋ニット帽

冬の必須アイテム、ニットも作れます。
あなたの推しに手編みのセーター、
マフラーはいかが？

映える！

ソーイング

たまらなくかわいい
なりきりコスチューム

簡単ソーイングで映える
スイーツ＆季節のイベント
アイテムに変身!!

ソーイング

王子様に **キラキラ** なってみる

装飾パーツを貼りつけて
ゴージャスな衣装に！
推しをもっと輝かせて!!

アクセサリー

かわいく連れ歩こう

一緒におでかけするための
ハーネスも。

ソーイング

暮らしのこもの

いっぱい遊んだ日は、
ふかふかおふとんに
寝かせよう。
アイマスクもあるよ。

ぬいサイズがかわいい
小さなアクセサリー

パーツをつなぐだけ！
ぬいサイズのミニチュアアクセサリーで
おしゃれがワンランクアップ！

本書のモデルぬいサイズについて

本書に掲載している洋服や小物は
下記の2サイズのぬいのボディを想定しています。
お手持ちのぬいのボディに合わせて作りましょう。

※モデルぬいは「ぬいパタ」（グッズプロ）を使用して製作しています。

中サイズ用

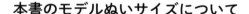

スタンダードなサイズのぬい。小サイズよりも頭が大きめ。

頭周り
約24cm

15
〜
17
cm

胴周り
約10.5cm

着丈
約3cm

小サイズ用

手のひらサイズで、
一緒におでかけする
のに最適なサイズ。

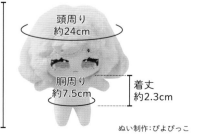

頭周り
約24cm

10
〜
11
cm

胴周り
約7.5cm

着丈
約2.3cm

ぬい制作：ぴよぴっこ

SOCKS WEAR

靴下で作るぬい服とこもの

左／靴下で作るトップス〈中サイズ〉➡ P.26、靴下で作るタイツ〈中サイズ〉➡ P.31
中央／靴下で作るトップス〈小サイズ〉➡ P.26、靴下で作る帽子〈小サイズ〉➡ P34
右／靴下で作るノースリーブワンピース〈小サイズ〉➡ P.32
Design:ぴよぴっこ

上下とも／靴下で作る帽子 ➡ P.34　Design:ぴよぴっこ

ROOM WEAR

──── ルームウェア

靴下で作るもこもこルームウェア ➡ P.29
靴下で作る帽子〈中サイズ〉➡ P34
Design:ぴよぴっこ

上／ねこみみ・うさみみ ➡ P.36
下／くまみみ ➡ P.36
Design:ぴよぴっこ

KNIT WEAR

ニットのぬい服と小物

カフェで
まったり…

左／ベレー帽〈小サイズ〉➡ P.75、ニットセーター〈小サイズ〉➡ P.70
右／ベレー帽〈中サイズ〉➡ P.75、ニットセーター〈中サイズ〉➡ P.70
Design:hopemade

左上／ニット帽〈小サイズ〉➡P.79　　右上／ニット帽〈中サイズ〉➡P.79

左下／ループマフラー〈星・中サイズ〉➡P.86　　右下／ループマフラー〈花・小サイズ〉➡P.86

Design:hopemade

FRINGE MUFFLER &
POCHETTE

毛糸のマフラー＆ポシェット

左／フリンジマフラー〈小サイズ〉➡ P.90、ふたつきポシェット ➡ P.93
右／フリンジマフラー〈中サイズ〉➡ P.90、ポシェット ➡ P.96
Design:hopemade

STRAW HAT

麦わら帽子

左／麦わら帽子〈中サイズ〉⇒ P.82、ポシェット ⇒ P.96
右／麦わら帽子〈小サイズ〉⇒ P.82
Design:hopemade

NARIKIRI SERIES

なりきり かぶりもの

左上／なりきりもも〈小サイズ〉 → P.38
右／なりきりいちご〈小サイズ〉 → P.40
左下／なりきりプリン〈小サイズ〉 → P.42
※〈中サイズ〉も作れます

Design:fu-rin

Seasonal Events

左上／なりきり鏡餅〈中サイズ〉 ➡ P.44
右上／なりきり柏餅（鏡餅のアレンジ）〈中サイズ〉 ➡ P.44
左下／なりきりクリスマスツリー〈小サイズ〉 ➡ P.48
右下／なりきりこいのぼり〈小サイズ〉 ➡ P.46
※〈中サイズ〉も作れます

Design:fu-rin

PANCAKE
OFTON

パンケーキのおふとん &
クレープのおくるみ

パンケーキのおふとん&
クレープのおくるみ〈小サイズ〉
➡ P.50
※〈中サイズ〉も作れます

Design:fu-rin

パンケーキとクレープは
リバーシブルで使えるよ！

Sweet and Yummy

PRINCE COSTUMES

王子様のコスチューム

今日が初ステージ！

上／王子様のコスチューム〈中サイズ〉➡P.52　下／王子様のコスチューム〈小サイズ〉➡P.55

Design:rii

おふとんセット〈小・中サイズ〉→ P.57
アイマスク〈小・中サイズ〉→ P.60
Design:zuu

OFUTON &
OKURUMI

おふとん＆おくるみ

おくるみ〈小・中サイズ〉→ P.59
Design:zuu

DOLL HARNESS & STRAP

ぬい用ハーネス＆ストラップ

Design:zuu

HEAD DRESSS

ヘッドドレス

ヘッドドレス〈小・中サイズ〉 → P.63
Design:Goodspro（吉田美帆・伊藤直美）

DOLL ACCESSORIES & CLEAR BAG

ぬい用アクセサリー＆クリアバッグ

クリアバッグ → P.64
Design:zuu

アクセサリー各種 → P.66

この本で使用した 材料

PART1 ソーイング

■ 布やリボン

ナイレックス生地
「ぬいれっくす」(グッズプロ)などと呼ばれるぬい作りによく使われる生地。ほつれにくく、ほどよく伸縮性があるので「かぶりもの」作りにも向いている。

ボア生地
「うさぎボア」(グッズプロ)など毛足の長さが違うさまざまな種類がある。「けもみみ」などのようにフワフワした素材感を出したいものに使用。

フェルト
ほつれないので切りっぱなしで使える。カットしてそのまま接着剤で貼り合わせて使うほか、刺しゅうのステッチで縫い合わせるなどして使用。

プリント生地
ぬい服を作るのにぴったりの小さめサイズで販売しているカットクロスが便利。ぬい用には小さな柄がおすすめ。様々な素材があるため手にとって確認を。

ガーゼ生地
目の粗い平織りの生地。柄がプリントされたものもある。「おふとん」や「おくるみ」など、優しくぬいを包みたいこもの作りに最適。

靴下
履き口、つま先、かかとなどの形状を活かして、ぬい服作りの材料として使用。主にベビー用やキッズ用の小さめ靴下がおすすめ。

リボン
幅の広いリボンや平織りテープなどは飾りとしてだけでなく、こもの作りの主素材としても活躍する。さまざまな素材、形状のものがある。

■ 副資材

ミシン糸・縫い糸
できるだけ布の色に合ったものを用意する。

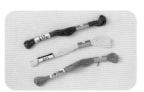

刺しゅう糸
1本の刺しゅう糸は、細い糸が6本撚り合わさってできているので、1本ずつ引き出して、使う本数を合わせて使用。その本数を2本取り、3本取りなどという。

綿
ふっくらさせたいものに詰めて使用。「つぶ綿」と呼ばれるものは形状が小さく細かいところにも詰めやすいので、こものを作るときに便利。

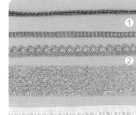
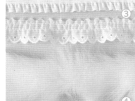

ブレード・リボン・ファーテープ
装飾に使うと便利なリボンやテープ。接着剤で貼って使う。

① ラメブレード
② ラメリボン
③ レースリボン
④ ファーテープ

キルト芯
ふっくら加減を均一にしたい「おふとん」などの中綿として使用。シート状なので使いたい大きさにカットして使う。

面ファスナー
ぬい服やこものにはなるべく薄く、シールタイプのものが便利。使いたい大きさにカットして使う。

平ゴム・ゴムひも
「けもみみ」や「アイマスク」などのように、ぬいの頭にかぶらせるタイプのこものに使用する。様々な太さ、色がある。

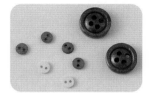

キラキラパーツ
飾りつけに便利な小さなパーツ。ラインストーン風のシールタイプが便利。シールタイプ以外は縫いつけたり、貼りつけて使う。

ボタン
洋服のアクセントに、縫いつけたり、貼ったりして使う。ぬい用にはなるべく小さなものが使いやすい。

ポンポン・リボンなど
縫いつけたり、接着剤で貼りつけたりしてアレンジに使えるアイテム。洋服やこもののアクセントとして使う。

アジアンコード・皮ひもなど
アジアンコードは飾り結び用に作られた張りのある糸。皮ひも、細いゴムひもなど作りたいものに合ったひもを選ぶとよい。

PART 1　アクセサリー

■ アクセサリー素材

ビーズ・パール
本書で「ストラップ」や「ネックレス」に使用したのは大きめのビーズやパールビーズ。星型やフルーツ型、クマ型など、好みのものを見つけましょう。

チャーム
小さめのチャームはぬい用のアクセサリーを作るとき、ペンダントトップにすると、サイズ感がぴったり。

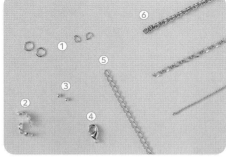

アクセサリー金具
作るものによってさまざまな金具を使う。ここでは一部を抜粋して紹介！

① **丸カン・Cカン**…パーツとパーツをつなぐためのもの。

② **つぶし玉**…ネックレスを作るときに端に通してテグスやワイヤーの先端を処理するもの。

③ **ボールチップ**…つぶし玉とセットで先端を処理し、他のパーツにつなげるもの。

④ **カニカン**…ネックレスなどの留め具として使う。

⑤ **アジャスター**…ネックレスなどの長さを調整するためのチェーン。

⑥ **チェーン**…そのままネックレスにしたり、チャームやビーズなどとつないで使う。

ナイロンコードワイヤー
ネックレスなどを作るとき、ビーズやパールを通して使う。

テグス
こものを装着するときに、できるだけ目立たないように固定するときに使う。ゴムタイプのものだと装着しやすい。

ナスカン・Dカン
ストラップやハーネスを作るときに、使用する金具。Dカンは本体のリボンや平織りテープの幅に合わせたものを用意する。

PVCシート・クッキングシート
PVCシートは塩化ビニル樹脂でできた薄いシート。アイロンなどの熱で溶かして接着するときは、クッキングシートをかませてからアイロンを当てる。

PART 2　編み物

■ 毛糸

ウール・コットン毛糸
ぬい用の洋服やこものを編むときは、細めの糸を選ぶと仕上がりがきれい。かぎ針なら、4号程度を推奨しているものが使いやすい。

ペーパーヤーン
「エコアンダリヤ」（ハマナカ）のようなセルロース繊維からできた夏糸。ぬい用のこものには細いものがおすすめ。

この本で使用した **道具**

PART 1 ソーイング

ミシン
本書の作品は、ミシンでも手縫いでも、どちらでも作れるものばかり。素材によってミシンでは縫いにくかったり、細かいところが縫いにくい場合もあるため、手縫いと使い分けるとよい。

縫い針
手縫いの場合は、手縫い針を用意。自分が使いやすい長さのものを選ぶ。また、刺しゅうをするときは、刺しゅう針を使う。

仮止めクリップ・まち針
布同士を仮止めするときに使用する。ずれやすいときは仮止めしてから、さらに仮縫いするとよい。

はさみ
布を裁つ裁ちばさみ、先端の細い手芸用はさみがあると便利。よく切れるものを使うこと。

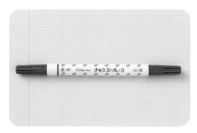

チャコペン
型紙を布にうつすときに使う。あとで消せるものが便利。熱を加えることで消えるペンでも代用できる。

接着剤
布同士を貼り合わせるときは、布用接着剤が便利。布以外の異素材を貼り付けるときなどは多用途接着剤を使うとよい。

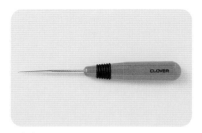

目打ち
袋状に縫った布の角をきれいに出したいときや、アクセサリー用チェーンの穴を大きくする際などに使用する。

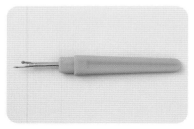

リッパー
一度縫った縫い目をほどくときに、あると便利。

ほつれ止め液
染み込ませることで繊維を固め、布やリボン、ひもなどの端がほつれないようにすることができる。

アイロン
布をしっかり折り返したいときや、毛糸にスチームを当てたいときに使用する。

PART 1 アクセサリー

ヘアアイロン
本書では、クリアバッグを作るときに、PVCシートを接着するのに使用する(P.64参照)。

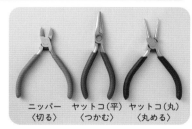

ニッパー　　ヤットコ(平)　　ヤットコ(丸)
〈切る〉　　〈つかむ〉　　〈丸める〉

ニッパー・ヤットコ(平・丸)
アクセサリー金具を扱うときに使用。カンの開け閉めにはヤットコ2本が必要。

PART 2 編み物

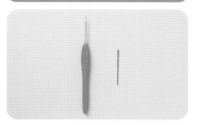

かぎ針・とじ針
本書の編み物は、すべて4号かぎ針を使用。糸の太さによって使用する号数を変える。とじ合わせるときにはとじ針を使う。

ソーイング
で作る

ぬい服とこもの&
アクセサリー

縫って作る洋服やこもの、

誰でも簡単にできるアクセサリーです。

小さな推しぬい用だから、縫う部分はほんの少し。

手芸用接着剤も使って工作感覚で作れます。

★この本で使うソーイングの縫い方はP.68にあります。

★縫うのはミシンでも手縫いでもかまいません。ただし、サイズがとても小さなものや、ミシンで縫いづらい布の場合は、手縫いがおすすめです。

★布地として靴下を利用するものは、右のようなイラストで、靴下の使用する部分をオレンジで示しています。

靴下で作るトップス

PHOTO ➡ P.6 ｜ 型紙 ➡ P.104 ｜ 小サイズ用 ｜ 中サイズ用

ぬいの胴回りと靴下の履き口のサイズが合えば、簡単！
靴下の柄を活かしたり、リボンやボタンなどの飾りをつけたり、
お好みでアレンジを楽しんで。

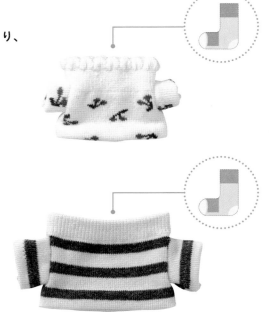

[道具]
- ●ミシンまたは縫い針
- ●はさみ
- ●まち針

[材料]

小サイズ用
- ●ベビー用靴下
- ●縫い糸

中サイズ用
- ●レディース・キッズ・ベビー用靴下
- ●縫い糸

[作り方]

小サイズ用

1　身頃は靴下の履き口部分を使用。足首の部分をぬいの首に当ててみて好みの着丈を決める。着丈＋縫い代1cmをとってカットする。

着丈
＋1cm

ぬいに靴下をあててみて着丈を決める。

2　1の縫い代を裏側へ折り返して縫う。手縫いの場合は千鳥掛けまたはまつり縫い（P.68参照）する。

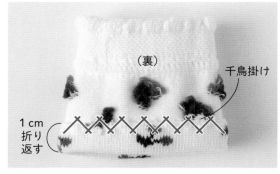

（裏）

千鳥掛け

1cm
折り
返す

裏返して裾を縫い代分1cm折り上げて縫う。千鳥掛けがおすすめ。

3　靴下の足の甲の部分を使い、型紙を当てて袖用に2枚カットする。足裏に滑り止めがついている場合は避けて使う。

4 ❸を1枚ずつ、左右から半分に折ってから上下に半分に折る。

左右半分に折って（写真左）、そのまま上下に半分に折る（写真右）。

5 下になった部分を、縫い代を5mmとって半返し縫い（P.68参照）で縫う。

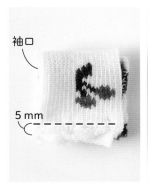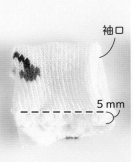

折って重ねた下の部分を縫う。

6 ❷の身頃の両脇に履き口（フリルやゴム部分を除く）の5mm下から1cmの切り込みを入れる。

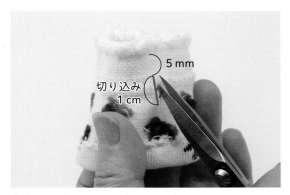

左右2か所に、1cmの切り込みを入れる。

7 ❻で入れた切り込みに、❺の袖の縫ったほうを下にして中表にして入れ、縫い代5mmのところで半返し縫いをする。

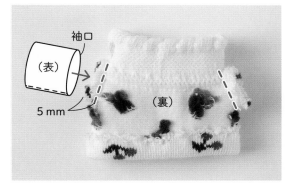

身頃の切り込みに、袖を表に返して縫ったほうを下にして入れ、縫い代5mmで縫う。

8 両袖をつけたら表に返す。

中サイズ用

1 身頃は靴下の履き口部分を使用。足首の部分をぬいの首に当ててみて好みの着丈を決める。着丈＋縫い代1cmをとってカットする。

ぬいに靴下をあててみて着丈を決める。

2 **1**の縫い代を裏側へ折り返して縫う。手縫いの場合は千鳥掛けまたはまつり縫いする。

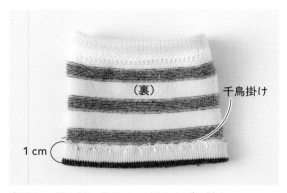

裏返して裾を縫い代分1cm折り上げて縫う。

3 靴下の足の甲の部分を使い、型紙を当てて袖用に2枚カットする。

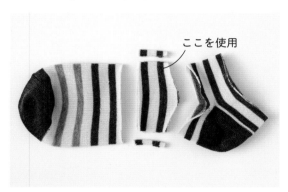

靴下の甲の部分を使って袖をカットする。

4 袖口を裏へ1cm折って縫う。手縫いの場合は千鳥掛けまたはまつり縫いする。さらに中表で半分に折り、縫い代5mmで半返し縫いで縫う。

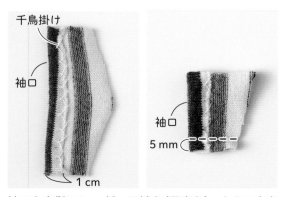

袖口を内側に1cm折って縫う（写真左）。さらに中表で上下半分に折って下の部分を縫う（写真右）。

5 **2**の身頃の両脇に履き口（フリルやゴム部分を除く）の5mm下から2.5cmの切り込みを入れる。

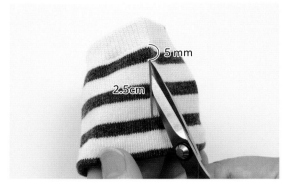

左右2か所に2.5cmの切り込みを入れる。

6 **5**で入れた切り込みに、**4**の袖を縫ったほうを下にして中表にして入れ、縫い代5mmのところで半返し縫いをする。

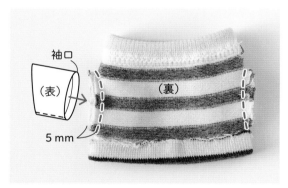

袖の縫ったほうを下にして入れ、縫い代5mmで縫う。

7 両袖をつけたら表に返す。

靴下で作るもこもこルームウェア

PHOTO → P.8 | 型紙 → P.104 | 中サイズ用

もこもこ靴下を使って作るフードつきトップスと
ズボンのセットです。
靴下のかかと部分をフードとして使います。

[道具]
- ●ミシンまたは縫い針
- ●はさみ
- ●まち針

[材料]
- ●レディース・キッズ用もこもこ靴下
- ●縫い糸

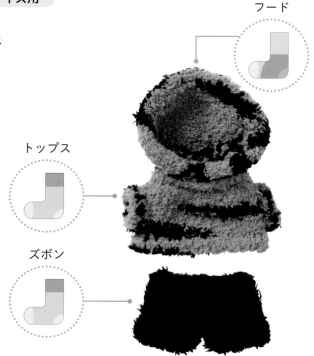

フード

トップス

ズボン

[作り方]　※写真は見本と違う色の靴下を使用しています

1 もこもこ靴下の履き口を使ってトップスを作る（P.27〈中サイズ用〉参照）。ミシンでは縫いづらいので手縫いがおすすめ。

2 フードを作る。もこもこ靴下のかかと部分をカットする。

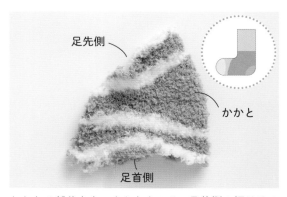

足先側

かかと

足首側

かかと部分をカットしたところ。足首側の幅はそのまま、足の甲側をカーブをつけて切る。

3 2を開いてカーブになっている部分を1cm内側に折って千鳥掛けまたはまつり縫い（P.68参照）で縫う。

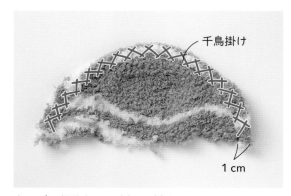

千鳥掛け

1cm

カーブの部分を1cm折って縫う。

29

4 **3**を中表に半分に折って、下から約1cm上の部分を縫い留める。

縫い留める

表

1cm

下から1cm上を縫い留める。強度を出すために2〜3周しておくとよい。

5 首回りとフードの下が約1cm重なるようにして中表に重ね、首回りを半返し縫い（P.68参照）で縫う。表に返す。

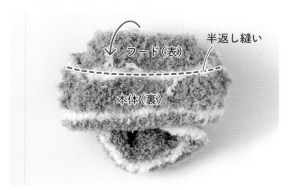

フード（表）

半返し縫い

本体（裏）

トップスの首元からフードを中表にして入れ、首回りを縫う。

6 ズボンを作る。履き口から6.5cm下でカットし、片側を切って開く。

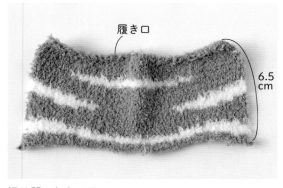

履き口

6.5cm

切り開いたところ。

7 型紙を使ってカットし、型紙通りに中心の切り込みを入れる。

股下の切り込みは型紙に忠実にするよりも、ある程度ニット目に沿って切るほうがほつれにくい。

8 **7**を中表に半分に折って、型紙のAの部分を縫う。

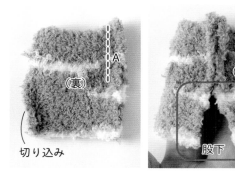

A

（裏）

（裏）

切り込み

股下

型紙のAの部分を縫う。縫ったところがおしりの部分、切り込みの部分が股下になる。

9 股下をU字に半返し縫いで縫う。

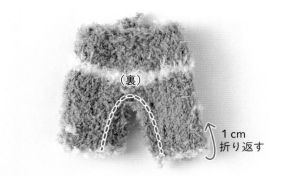

（裏）

1cm折り返す

股下をU字に縫ったところ。

10 裾を1cm折り返し、千鳥掛けまたはまつり縫いで縫う。表に返す。

靴下で作るタイツ

PHOTO ➡ P.6 | 型 紙 ➡ P.104 | 中サイズ用

靴下の履き口を活かして作るタイツ。
靴下から作るため、本物さながらのタイツが作れます。
ベビー用靴下を使うのががおすすめ！

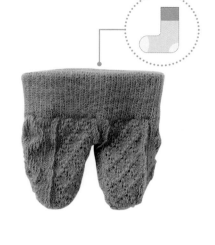

［道 具］
- ●ミシンまたは縫い針
- ●はさみ
- ●仮止めクリップまたはまち針

［材 料］
- ●レディース・キッズ・
  ベビー用靴下
- ●縫い糸

［作り方］

1 靴下を裏返して履き口に型紙を合わせて置く。

2 型紙を仮止めクリップなどで留めておき、足先と股下を半返し縫い（P.68参照）で縫う。

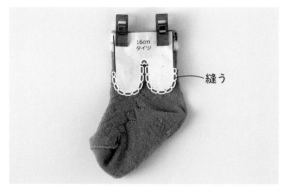

型紙を置いたまま縫うので、動かないように仮止めクリップなどで留めるとよい。

3 縫い代5mmで裁断し、表に返す。

縫い終えたら縫い代を5mmとってカットする。

靴下で作るノースリーブワンピース

PHOTO → P.6 | 小サイズ用　中サイズ用

P.26のトップスと同じように、靴下の履き口を
首回りに使用して作ります。袖をつけないので簡単！
履き口のデザインで雰囲気も変わります。

［道具］

● ミシンまたは縫い針
● はさみ
● 仮止めクリップまたはまち針

［材料］

小サイズ用
● ベビー用靴下
● 縫い糸

中サイズ用
● レディース・キッズ・ベビー用靴下
● 縫い糸

［作り方］

小サイズ用　中サイズ用　共通

1 靴下の履き口部分を使用。足首の部分をぬい
の首に当ててみて好みの着丈を決める。着丈
＋縫い代1cmをとってカットする。

着丈
＋1cm

靴下の履き口をぬいの首元にあてて、着丈を決める。

2 1の縫い代を裏側へ折り返して縫う。手縫い
の場合は千鳥掛けまたはまつり縫い（P.68参
照）する。

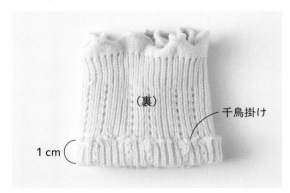

（裏）

千鳥掛け

1cm

裾を内側に1cm折って縫う。伸び縮みがしやすい千
鳥掛けがおすすめ。

3 両脇に履き口（フリルやゴム部分を除く）の 5mm下から1cmの切り込みを入れる。

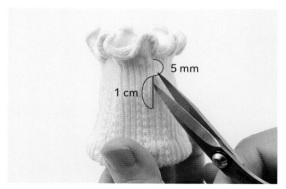

5mm

1cm

左右2か所に1cmの切り込みを入れる。

4 3の切り込み部分を内側へ5mm折って、まつり縫いで縫う。

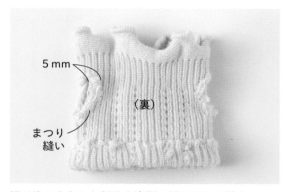

5mm

（裏）

まつり縫い

切り込みを入れた部分を裏側へ折り返して縫う。

5 表に返し、お好みでボタンやリボンなどをつける。

（表）

小さめのボタンやリボンをつけてお好みのデザインに仕上げましょう。

靴下で作る帽子3種

PHOTO → P.6~8 | 小サイズ用　中サイズ用

靴下の履き口や靴下のつま先を利用した
1か所縫えば完成する帽子です。

ネコミミ風帽子

［道具］
- ●ミシンまたは縫い針
- ●はさみ
- ●まち針

［材料］
小サイズ用
- ●レディース・キッズ・ベビー用靴下

中サイズ用
- ●メンズ・レディース・キッズ用靴下
- ●縫い糸

ニット帽　　　もこもこ帽子

［作り方］

ネコミミ風帽子　　小サイズ用　　中サイズ用

1. 中サイズ・小サイズとも作り方は同じ。くつ下の履き口部分をぬいの頭にかぶせてみて、好みの長さ＋1cmでカットする。

2. 裏返して、カットした部分を縫い代約1cmで中央に向かってカーブするようにして半返し縫い（P.68参照）で縫う。

3. 縫い代を5mm程度にカットして裏返す。

縫い代を5mm程度にカットすると形がすっきりする。縫い代には、ほつれ止め液を塗っておくと安心。

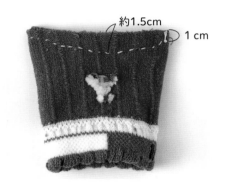

約1.5cm　　1cm

中心がくぼむようにカーブさせて縫う。

ニット帽　小サイズ用　中サイズ用

1 中サイズ・小サイズとも作り方は同じ。くつ下の履き口部分をぬいの頭にかぶせてみて、好みの長さ＋1cmでカットする。

2 裏返してカットした部分を縫い代1cmでざっくりとなみ縫いする。糸は玉留めせず、少し長めに残しておく。

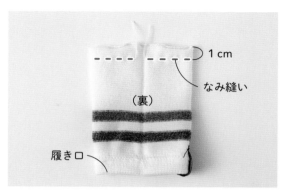

1周ぐるりとなみ縫いした糸は玉留めせずに残しておく。両端を持てるくらいあればOK！

3 残しておいた糸を両側から引いて絞る。

4 しぼった両端の糸を結んだら、表に返す。

残しておいた糸を引いて絞り、しっかり結ぶ。

もこもこ帽子　小サイズ用　中サイズ用

1 中サイズ・小サイズとも作り方は同じ。もこもこ靴下のつま先部分をぬいの頭にかぶせてみて、好みの長さ＋1cmでカットする。

2 裏返してふちを1cm折り返して縫う。千鳥掛け（P.68参照）がおすすめ。

つま先を帽子のトップとして使用。カットした部分を折り返して千鳥掛けで縫う。

ねこみみ・うさみみ・くまみみ

PHOTO → P.9 ｜ 型 紙 → P.104 ｜ 小サイズ用 中サイズ用

簡単に作れて超絶かわいい、3種類のけもみみ。
毛足の長いふわふわの生地は縫いづらいけれど
失敗も目立ちにくいのでおすすめ！

ねこみみ

[道 具]

● ミシンまたは縫い針
● はさみ
● 仮止めクリップ（またはまち針）

うさみみ

[材 料]

● 布（うさぎボア〈ぺーるぐれー〉または〈らいとぴんく〉）
　…約10×10cm
● 布（ソフトボア〈白〉）…約10×10cm
● 平ゴム（5mm幅）…18〜26cm
● 縫い糸

くまみみ

[作り方]

1 平ゴムを小サイズ用は18cm、中サイズ用は
　26cmにカットする。

2 1を輪にして、端を1cm重ね、重ねた部分を
　縫う。

平ゴムは輪にして1cm重ね、しっかりと縫う。ミシン
でも手縫いでもOK！

3 型紙を使い、外耳用には毛足の長いもの（うさぎボア）、内耳用には毛足が短めのもの（ソフトボア）で2枚ずつそれぞれ左右対象になるようにカットする。

4 外耳と内耳を中表で合わせ、返し口を残して半返し縫い（P.68参照）で縫う。

くまみみ

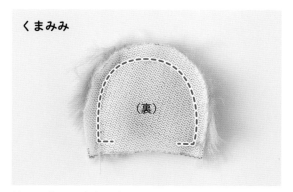

外耳と内耳を中表に合わせて縫い合わせる。毛足の長い布は、手縫い（半返し縫い）のほうが縫いやすい。

5 表に返し、返し口をコの字とじ（P.68参照）で縫う。同じものを2つ作る。

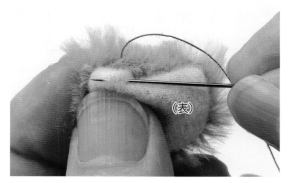

返し口の縫い代は内側へ折り込み、コの字とじで縫い合わせる。

6 うさみみは、5で作った耳の根元を半分に折って縫い留める。ねこみみは耳の根元を三角に折って（型紙の点線参照）縫い留める。

うさみみ

下の部分を半分に折って縫い留める。2～3回往復すればOK。

ねこみみ

縫う

下の部分を三角に折る。仮止めクリップなどで留めておいて縫い合わせる。

7 6でできた耳の1つをゴムのつなぎ目の上に縫いつける。

ひとつめの耳をゴムのつなぎ目の上に縫い留める（接着剤でもよいが、縫い留めたほうが安心）。

8 ぬいにつけてみて、もう片方の耳をつける位置を決める。チャコペン等で印をつけておくとよい。

9 8で決めた位置にもう片方の耳を縫いつける。

なりきりもも

PHOTO → P.14 ｜ 型紙 → P.105 ｜ 小サイズ用　中サイズ用

2枚の布を縫い合わせてリボンをつけるだけだから簡単！
愛らしいピンクのももに変身させちゃいましょう。

[道具]

● ミシンまたは縫い針
● はさみ
● 仮止めクリップまたはまち針
● ほつれ止め液

[材料]

● 布（ぬいれっくす〈ライトピンク〉）…約20×20cm〈小サイズ〉、約30×30cm〈中サイズ〉
● リボン（5mm幅または9mm幅〈黄緑〉）…30〜36cm
● 縫い糸

[作り方]

1 型紙を使って布をカットする。リボンは小サイズ用（5mm幅）は15cm×2本、中サイズ用（9mm幅）は18cm×2本にカットし、端にほつれ止め液をつける。

2 前と後ろの布を中表で合わせて、仮止めクリップなどで留め、でき上がり線を半返し縫い（P.68参照）で縫う（ミシンを使う場合は仮縫いをしておくとよい）。

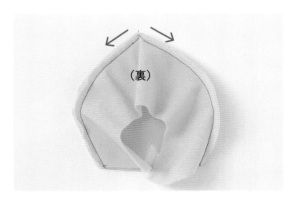

前と後ろを中表で合わせて縫う。中心から両端に向かって縫うとずれにくい。

3 後ろのダーツを合わせてでき上がり線で半返し縫いで縫う。

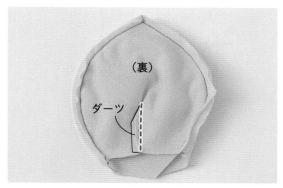

後ろのダーツは布端を合わせて重ねてでき上がり線で縫う。

4 顔回りをでき上がり線で折り返し、リボンつけ位置にリボンをつけて半返し縫いで縫う。

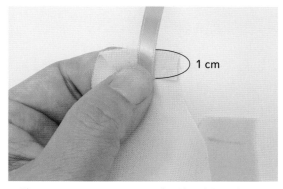

両端は下から1cmのでき上がり線で内側に折り、リボンつけ位置にリボンを置く。

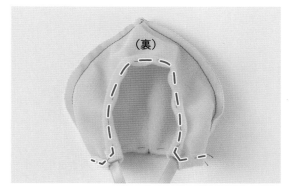

首回りと顔回りをでき上がり線で内側に折って仮縫いする。

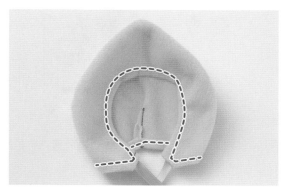

仮縫いしたところを半返し縫いで縫う。

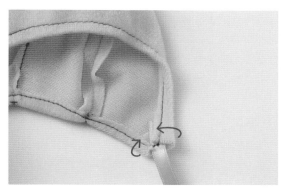

リボンをつける部分は両脇から折ってしっかりリボンをはさんで縫う。

5 表に返す。

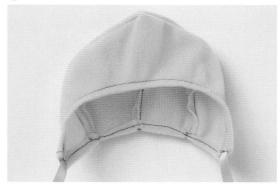

表に返したところ。

なりきりいちご

PHOTO → P.14 │ 型紙 → P.108 │ 小サイズ用　中サイズ用

頭にすっぽりかぶせれば、いちごに変身！
ほつれにくく、ストレッチが効いた布を使うのがおすすめです。

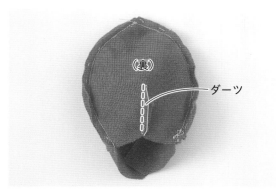

［道具］

- ●ミシンまたは縫い針
- ●はさみ
- ●仮止めクリップまたはまち針
- ●ほつれ止め液

［材料］

- ●布（ぬいれっくす〈レッド〉）…約20×20cm〈小サイズ〉、約30×30cm〈中サイズ〉
- ●リボン（5mm幅または9mm幅〈緑〉）…30〜36cm
- ●ビーズ…20〜30個
- ●縫い糸

［作り方］

1 型紙を使って布をカットする。リボンは小サイズ用（5mm幅）は15cm×2本、中サイズ用（9mm幅）は18cm×2本にカットし、端にほつれ止め液をつける。

2 前と後ろの布を中表で合わせて、仮止めクリップなどで留め、でき上がり線を半返し縫い（P.68参照）で縫う。

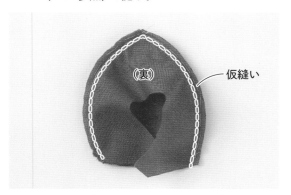

（裏）　　仮縫い

ミシンを使う場合は仮縫いをしておくとずれにくい。

3 後ろのダーツを合わせて、でき上がり線で半返し縫いで縫う。

（裏）

ダーツ

後ろのダーツは布端を合わせて重ね、でき上がり線で縫う。

4 リボンつけ位置にリボンを置き、顔回りと首回りをでき上がり線で折り返して、半返し縫いで縫う。

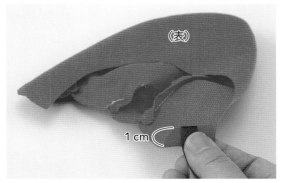

両端は下から1cmのでき上がり線で内側へ折り、リボンつけ位置にリボンを置く。

顔回りと首回りをでき上がり線で折って仮縫いする。

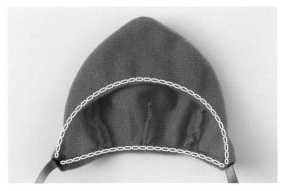

顔回りと首回りがぐるりと縫えたところ。仮縫いの糸ははずす。

5 表に返し、好みでビーズを縫いつける。

好みでビーズを縫いつける。ビーズの色に近い糸で2〜3回縫いつけておくと安心。

なりきりプリン

PHOTO → P.14 | 型紙 → P.111 | 小サイズ用 | 中サイズ用

いちごやももと同じように作れるプリンのかぶりもの。
取り外しできるホイップやさくらんぼで
好みのデコレーションをして楽しんで！

※さくらんぼとホイップは「パンケーキのおふとん＆クレープのおくるみ（P.50）」と共用。

［道具］

● ミシンまたは縫い針
● はさみ
● 仮止めクリップまたはまち針
● ほつれ止め液

［材料］

● 布（ぬいれっくす〈クリーム〉）… 約20×20cm〈小サイズ〉、約30×30cm〈中サイズ〉
● 布（ぬいれっくす〈チョコレート〉）… 約13×15cm〈小サイズ〉、約15×20cm〈中サイズ〉
● フェルト〈白、赤〉… 適宜
● リボン（5mm幅または9mm幅〈黄〉）… 30～36cm
● アジアンコード… 5cm
● 綿
● 面ファスナー（シールタイプ）
● 縫い糸

［作り方］

1 型紙を使って布をカットする。リボンは小サイズ用（5mm幅）は15cm×2本、中サイズ用（9mm幅）は18cm×2本にカットし、端にほつれ止め液をつける。

2 本体の前と後ろの布を中表で合わせて仮止めクリップなどで留め、でき上がり線を半返し縫い（P.68参照）で縫う（ミシンを使う場合は仮縫いをしておくとよい）。

3 後ろのダーツを合わせて、でき上がり線で半返し縫いで縫う。

4 顔回りと首回りをでき上り線で内側に折り返し、リボンつけ位置にリボンをつけて縫う。表に返しておく。

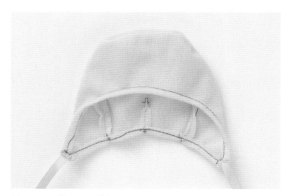

顔回りと首回りが縫えたところ。

5 カラメルの前と後ろを中表に合わせ、でき上がり線で縫う。表に返して本体にかぶせ、まつり縫い（P.68参照）で縫い合わせる。

仮縫い
（裏）

カラメルの布を中表に合わせて縫う。ミシンで縫う場合は仮縫いをしてから縫うとよい。

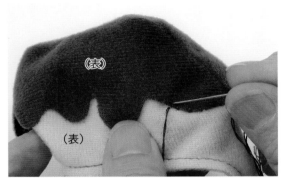

（表）
（表）

カラメルを表に返し、左右の下角のはみ出たところはカットする。本体にかぶせてまつり縫いで縫う。

6 さくらんぼとホイップはフェルトを型紙通りにカットする。さくらんぼの茎はアジアンコードを5cmに切って片方を玉結びする。

アジアンコードは片端を玉結びする。

7 6のフェルト2枚でアジアンコードをはさみ、綿を入れてブランケットステッチ（P.68参照）で縫い合わせる。ホイップも、カットしたフェルト1枚に刺しゅうをし、2枚を合わせて綿を入れてブランケットステッチで縫い合わせる。

（表）

アジアンコードの玉結びした部分をさくらんぼ用の赤いフェルト2枚ではさみ、ブランケットステッチで縫い合わせる。

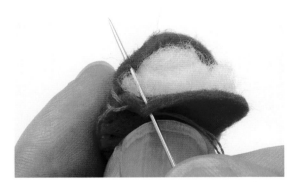

少し縫い進んだら、綿を入れて最後まで縫い合わせる。綿は入れすぎず、少しふっくらする程度に。

8 さくらんぼとホイップの裏側に、小さくカットした面ファスナーの片面をつける。

裏側に面ファスナーの片側をつける（面ファスナーは片面だけで本体のぬいれっくすにくっつく）。

なりきり鏡餅＆柏餅

PHOTO ➡ P.15 ｜ 型紙 ➡ P.115 ｜ 小サイズ用 中サイズ用

ベースは白いかぶりもの。
お餅とみかんをのせれば鏡餅、葉っぱをのせれば柏餅。
2wayで楽しめます。

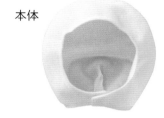

本体

［道具］

- ● ミシンまたは縫い針
- ● はさみ
- ● 仮止めクリップまたはまち針
- ● 手芸用接着剤

お餅　　　　　みかん

［材料］

- ● 布（ぬいれっくす〈ピュアホワイト〉）
  …約25×20cm〈小サイズ〉、約35×25cm〈中サイズ〉
- ● フェルト〈オレンジ、緑、黄緑〉…適宜
- ● 面ファスナー（シールタイプ）
- ● 綿
- ● 縫い糸

柏餅の葉

［作り方］

1 型紙を使って鏡餅本体の布をカットする。

2 本体の前と後ろの布を中表で合わせて、仮止めクリップなどで留め、でき上がり線を半返し縫い（P.68参照）で縫う（ミシンを使う場合は仮縫いをしておくとよい）。

3 後ろのダーツを合わせて、でき上がり線で半返し縫いで縫う。

4 顔回りと首回りをでき上がり線で内側に折って、半返し縫いで縫う。

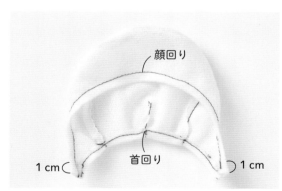

顔回り

首回り

1cm　　　　　　　　　　1cm

本体のかぶりものができたところ。両端は先に下から1cmのでき上がり線で折り上げ、そのあと首回りと顔回りを折って縫うほうがきれい。

5 面ファスナーをつける。

両端に面ファスナーをつける。片方の端は外側に、もう片方は内側につける。

6 お餅の型紙を使って布をカットする。2枚を中表に合わせて、でき上がり線を半返し縫いで縫う。

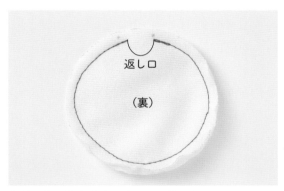

返し口

（裏）

お餅の布2枚を中表に合わせて縫ったところ。返し口を残すのを忘れずに。

7 6を表に返して綿を詰める。返し口はコの字とじ（P.68参照）で縫い合わせる。下になるほうの中央に面ファスナーの片面を貼る。

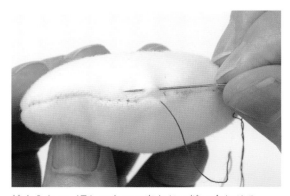

綿を入れて、返し口をコの字とじで縫い合わせる。

8 みかんは型紙を使ってフェルトをカットし、綿をたっぷり詰めてブランケットステッチ（P.68参照）で縫い合わせる。下になる方の中央に面ファスナーの片面を貼る。みかんの葉は好きな形に切って、手芸用接着剤でみかんに貼る。

みかんの葉は接着剤で貼りつける。

9 柏餅の葉は型紙を使ってフェルトをカットし、葉脈をステッチする。裏側に面ファスナーの片面を貼る。

柏餅の葉の葉脈は、ミシンで直線縫いまたはジグザグ縫い、手縫いならバックステッチ（P.68参照）で刺しゅうする。

なりきりこいのぼり

PHOTO → P.15 ｜ 型紙 → P.118 ｜ 小サイズ用 ｜ 中サイズ用

こいのぼりになりきれる、ポンチョタイプのかぶりもの。
ベースの色を好きな推し色で作るのがおすすめ！

［道具］

- ●ミシンまたは縫い針
- ●はさみ
- ●仮止めクリップまたはまち針
- ●ほつれ止め液
- ●手芸用接着剤

［材料］

- ●布（ぬいれっくす・好きな色）…約15×24cm〈小サイズ〉、約20×34cm〈中サイズ〉
- ●フェルト（白、黒）…適宜
- ●リボン（5mm幅または9mm幅・布に合わせた色）…30〜36cm
- ●バイアステープ両折タイプ（11mm幅または22mm幅・白）…20〜27cm
- ●縫い糸

［作り方］

1 型紙を使って布をカットする。リボンは小サイズ用（5mm幅）は15cm×2本、中サイズ用（9mm幅）は18cm×2本にカットし、端にほつれ止め液をつける。

本体用の布は左右対称に1枚ずつカットする。裏表に注意して、同じ向きのものを2枚作らないように注意！

2 前と後ろの布を中表で合わせて、後ろ側のでき上がり線を半返し縫い（P.68参照）で縫う。

2枚を中表にして後ろ側を縫ったところ。ミシンを使う場合は仮縫いをしておくとよい。

3 **2**の縫い代を開いて、下をでき上がり線で内側に折って半返し縫いで縫う。

下をでき上がり線で内側に折って縫う。

4 顔周りはでき上がり線で内側に折り、リボンつけ位置にリボンを置いて仮縫いしておく。バイアステープは小サイズ（11mm幅）は20cm、中サイズ（22mm幅）は27cmにカットする。リボンの上の位置からバイアステープで布をはさみこんでおき、顔回りをぐるりと半返し縫いで縫う。

顔回りをでき上がり線で内側に折ってから、リボンつけ位置にリボンを置いて、仮縫いする。

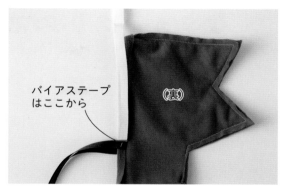

バイアステープはここから

バイアステープはリボンに重ねず、リボンのすぐ上からつけ始める。仮止めクリップなどで留めておいて縫うとよい。

5 **4**を表に返す。

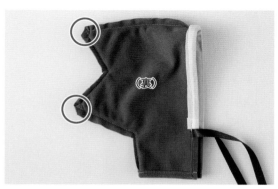

表に返す前にとがっている部分の先端の縫い代をカットしておくと、表に返したときにきれい。

6 目やうろこ、ひげなどは型紙を使ってフェルトをカットし、手芸用接着剤で貼る。

なりきりこいのぼり

なりきりクリスマスツリー

PHOTO → P.15 | 型紙 → P.120 | 小サイズ用 | 中サイズ用

ポンチョタイプでクリスマスツリーになりきれちゃうかぶりもの。
飾りつけはポンポンボールで華やかに。
好きな飾りでアレンジするのも楽しい！

[道具]
- ●ミシン（手縫いの場合は手縫い針）
- ●はさみ
- ●手芸用接着剤
- ●ほつれ止め液

[材料]
- ●布（ぬいれっくす〈グリーン〉）
  …約17×18cm〈小サイズ〉、約22×24cm〈中サイズ〉
- ●リボン（5mm幅または9mm幅〈緑〉）…30〜36cm
- ●ポンポンボール
- ●フェルト（黄）…適宜
- ●面ファスナー
- ●縫い糸

[作り方]

1 型紙を使って布をカットする。リボンは小サ
イズ用（5mm幅）は15cm×2本、中サイズ用
（9mm幅）は18cm×2本にカットし、端にほ
つれ止め液をつける。

本体用の布は左右対称に1枚ずつカットする。裏表
に注意して、同じ向きのものを2枚作らないように
注意！

2 前と後ろの布を中表で合わせて、後ろ側のでき上がり線を半返し縫い（P.68参照）で縫う。

2枚を中表にして後ろ側を縫ったところ。ミシンを使う場合は、仮縫いをしておくと縫いやすい。

3 下をでき上がり線で内側に折って縫う。

下をでき上がり線で内側に折り上げて縫う。縫い代は開いておいて縫うときれい。

4 顔回りをでき上がり線で内側に折り、リボンつけ位置にリボンをつけて半返し縫いで縫う。

顔回りをでき上がり線で内側に折ってから、リボンつけ位置にリボンを置いて、仮縫いする。

顔回りを縫ったところ。リボンも一緒に縫う。

5 表に返し、ポンポンボールを縫いつける。

ポンポンボールを好きなところにつける。とれにくくするには、2〜3回縫いつけると安心。

6 星の型紙でフェルトをカットし、裏に面ファスナーの片面をつけ、ツリーのトップに貼る。

パンケーキのおふとん＆クレープのおくるみ

PHOTO → P.16~17 ｜ 型紙 → P.122　　小サイズ用　　中サイズ用

パンケーキとクレープが両方楽しめる2way仕様。
バターやクリーム、フルーツは取り外しができるので
好みでデコレーションして。

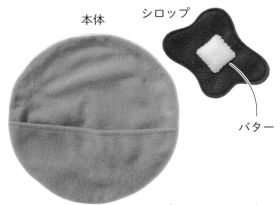

本体　　シロップ

バター

［道具］

● ミシンまたは手縫い針

● はさみ

● 仮止めクリップまたはまち針

［材料］

● 布（ぬいれっくす〈ローシェンナ〉）
　…約30×17cm〈小サイズ〉、約40×24cm〈中サイズ〉

● 布（ぬいれっくす〈クリーム〉）
　…約17×17cm〈小サイズ〉、約24×24cm〈中サイズ〉

● フェルト〈茶、クリーム、焦げ茶、黄緑、白、赤、オレンジ〉

● 面ファスナー

● 縫い糸

● 刺しゅう糸

デコレーションパーツ

※さくらんぼとホイップは「なりきりプリン（P.42）」
　と共用。作り方はP.42参照。

［作り方］

1 本体とポケットの型紙を使って布をカットする。ポケットのふち
（直線部分）をでき上がり線で裏側に折って縫う。

2 本体とポケット（ローシェンナ）、本体（クリーム）を中表で重ねる。
返し口を残してでき上がり線で縫う。

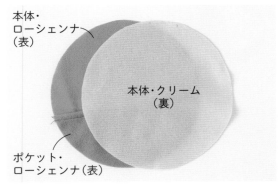

本体・
ローシェンナ
（表）

本体・クリーム
（裏）

ポケット・
ローシェンナ（表）

本体のローシェンナとポケットは表を上に、本体のク
リーム色は裏を上にして重ねると中表になる。

返し口

（裏）

返し口を残して、でき上がり線で縫ったところ。

3 **2**を表に返し、返し口をコの字とじ（P.68参照）で縫い合わせる。裏に面ファスナーの片面をつける。

4 バターとシロップは型紙を使ってフェルトをカットする。バターのクリーム色のフェルトは角を丸くカットする。シロップの茶色のフェルトの中央に乗せ、綿を入れながらまつり縫いで縫い留める。もう1枚のシロップのフェルトと縫い合わせる。

バターのクリーム色のフェルトは、角を丸くカットする。

5 フルーツは、型紙を使ってフェルトを2枚ずつカットする。1枚に模様の刺しゅうをしてから、もう1枚との間に綿を入れ、ブランケットステッチ（P.68参照）で縫い合わせる。

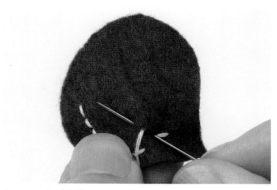

ホイップの模様はバックステッチ（P.68参照）で刺しゅうする。

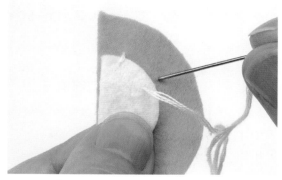

キウイは黄緑の上に白のフェルトを重ね、白い刺しゅう糸の縫い目が模様に見えるように縫いつける。

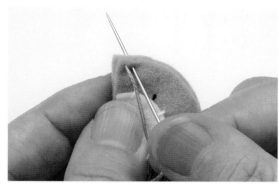

刺しゅうが終わったら綿を入れながら2枚をブランケットステッチで縫い合わせる。

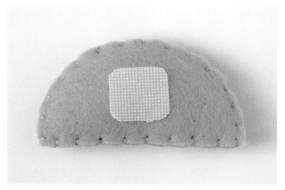

デコレーションパーツの裏につける面テープは角を丸くカットしておくとよい。

王子様のコスチューム

PHOTO → P.18 ｜ 型紙 → P.125 ｜ 中サイズ用

推しカラーで作りたい、中サイズ用の王子様風コスチューム。
飾りつけ用のパーツは好みのものを探して
アレンジしてみましょう。

［道具］

- ●ミシンまたは縫い針
- ●はさみ
- ●仮止めクリップ（またはまち針）
- ●布用接着剤・多用途接着剤

［材料］

洋服

- ●布（ベロア〈赤〉または〈青〉）…約15×17cm
- ●布（綿カットクロス〈白〉）…約7×5cm
- ●フリルリボン（1.3cm幅〈白〉）…約13cm
- ●ラメブレード〈ゴールド〉…約11cm
- ●貼りつけ用ビジューパーツ…6個
- ●貼り付け用パーツ（バラ）…1個
- ●面ファスナー

マント・冠

- ●布（ベロア〈ゴールド〉または〈シルバー〉）…約8×21cm
- ●布（綿カットクロス〈黒×星柄プリント〉）…約8×21cm
- ●ファーテープ…約15cm
- ●飾りボタン…1個
- ●山型ラメブレード
  〈ゴールドまたはシルバー〉…約11cm
- ●ゴムテグス
- ●縫い糸

［作り方］

本体

1 型紙を使って洋服本体のベロア生地をカット
する。

2 前身頃の首回りに5mmの切り込みを3か所
ほど入れる。前身頃と後ろ身頃の首回り、袖
口、裾をでき上がり線で裏側へ折って接着剤
で貼る。

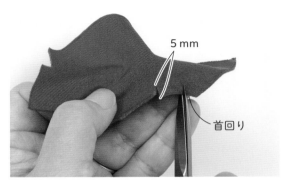

首回りはカーブしているので、切り込みを3か所ほど
入れる。

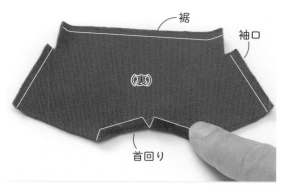

切り込みを入れておくと貼ったときにカーブがきれいに出る。布用接着剤でつきにくいときは多用途接着剤を使うとよい。

3 前身頃と後ろ身頃を中表に合わせ、肩と脇の下を半返し縫い（P.68参照）で縫う。

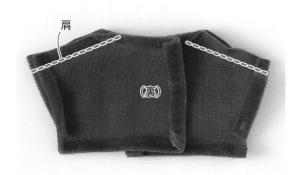

前身頃と後ろ身頃を中表に合わせ、でき上がり線に沿って肩を縫い合わせる。

脇の下もでき上がり線に沿って縫う。

4 前身頃につける白いカットクロスを型紙を使ってカットする。下部以外の端を、でき上がり線で裏へ折って接着剤で貼る。

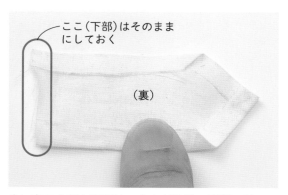

ここ（下部）はそのままにしておく

（裏）

白い布の上部と両端はでき上がり線で裏側へ折って貼っておく。

5 4を前身頃の中心に接着材で貼る。下部は前身頃の裏側へ折り込んで貼る。

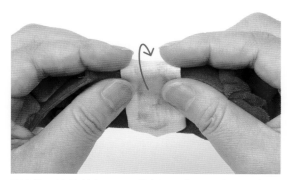

裏全体に接着剤をつけて前身頃の中心に貼り、下部は裾に合わせて裏側へ折って貼る。

6 首回りの内側にフリルリボンを、前身頃にラメブレード、ビジューパーツ、飾りつけ用のバラパーツなどを接着剤で貼る。後ろ身頃の中心に面ファスナーを貼る。

首回りはフリルリボンの表の下側だけに接着剤をつけ、首回りの内側に貼っていく。

ラメブレードも接着剤をつけて、白い布の周囲に貼る。多用途接着剤が接着しやすい。

表に返したら、目打ちなどを使って角をしっかり出すと仕上がりがきれい。

マント・冠

7 型紙を使って、表用にベロア生地、裏用にカットクロスで1枚ずつカットする。

8 7でカットした布地を中表に合わせ、返し口を残して、でき上がり線を半返し縫いで縫う。

10 山型ラメブレードを輪にして接着剤で貼り合わせて冠にする。ゴムテグスを通し、ぬいに当てて長さを決めて結ぶ。

返し口

（裏）

マント用の布を中表に合わせて周囲を縫う。返し口を残しておく。

テグスの長さは実際にぬいにつけてみて調節する。ゴムテグスのほうがサイズを調節しやすい。

9 8を表に返し、上部にファーテープを貼る。このとき一方の端に輪にしたゴムテグスをはさみこむ。もう片方の端に飾りボタンを縫いつける。

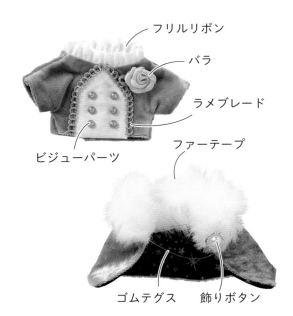

フリルリボン

バラ

ラメブレード

ビジューパーツ

ファーテープ

ゴムテグス　飾りボタン

王子様のコスチューム

PHOTO ➡ P.18 │ 型紙 ➡ P.127 │ 小サイズ用

さわやかなホワイトベースの小サイズ用コスチューム。
推しカラーの飾りをつけたり、色違いを作ってみたり、
ステージで輝く推しをイメージして作りましょう。

本体　王冠

マント

［道具］

● ミシンまたは縫い針
● はさみ
● 仮止めクリップ（またはまち針）
● 布用接着剤・多用途接着剤

［材料］

洋服

● 布（綿カットクロス〈白〉）… 約12×12cm
● フリルリボン（1.3cm幅〈白〉）… 約13cm
● 幅広ラメリボン
　（2.5cm幅〈ゴールドまたはシルバー〉）… 約4.5cm
● 山型ラメブレード
　〈ゴールドまたはシルバー〉… 約5cm
● 貼りつけ用ビジューパーツ2種… 大1個、小4個
● レースリボン（2cm幅〈白〉）… 約3cm
● 面ファスナー

マント・冠

● 布（ベロア〈白〉）… 約8×17cm
● ファーテープ… 約13cm
● ラメブレード〈ゴールドまたはシルバー〉
　… 約17cm 1本、約14cm 1本
● 貼り付け用パーツ（星）… 4個
● 山型ラメブレード
　〈ゴールドまたはシルバー〉… 約4cm
● ゴムテグス
● 面ファスナー
● 縫い糸

［作り方］

洋服

1 型紙を使って、洋服本体に使う布をカットする。

2 型紙の点線部分に5mmの切り込みを入れる。

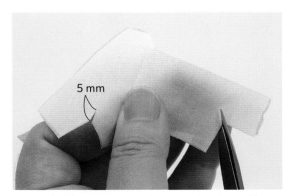

5mm

型紙の点線部分に5mmの切り込みを入れる。脇の下は切りすぎないように注意！

PART 1

王子様のコスチューム

3 脇の下以外の布端をでき上がり線で裏側へ
折って接着剤で貼る。

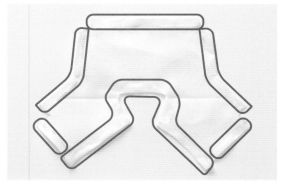

首回り、袖口、裾、後ろ身頃の中心を内側に折って接
着剤で貼る。

4 肩のラインで中表に折って、脇の下を半返し
縫い（P.68参照）で縫う。

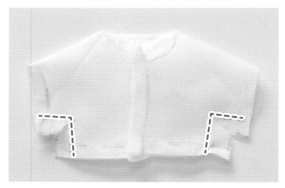

肩の線で中表に折って、脇の下を縫う。

5 前身頃の中心に幅広ラメリボンを貼り、肩の
ラインには山型ラメブレードを貼る。首回り
の内側にフリルリボンを接着剤で貼る。

前身頃の中心に、幅広のラメリボンを貼る。上下の端
は本体に合わせて裏側へ接着剤で折って貼る。

肩のラインには山型ラメブレードを貼る。多用途接着
剤が接着しやすい。

6 前身頃に貼ったラメリボンの上に折りたたん
だレースリボン、ビジューパーツなどを貼る。
後ろ身頃の中心に面ファスナーを貼る。

マント・冠

7 型紙を使って、マント用のベロア生地を2枚
カットする。

8 7の布地を中表に合わせ、返し口を残して半
返し縫いで縫い合わせる。

9 8を表に返し、上部にファーテープを貼る。
このとき両端にラメブレード2本をはさみこ
んでつける。両端に星型パーツを貼り、両端
の上部に面ファスナーを貼る。

10 山型ラメブレードを輪にして接着剤で貼り
合わせて冠にする。ゴムテグスを通し、ぬい
に当てて長さを決めて結ぶ。

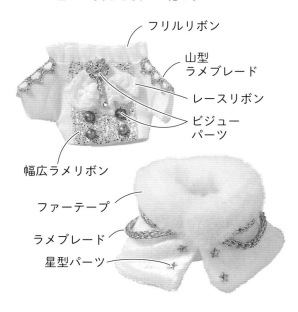

フリルリボン

山型
ラメブレード

レースリボン

ビジュー
パーツ

幅広ラメリボン

ファーテープ

ラメブレード

星型パーツ

おふとんセット

PHOTO → P.19 | 小サイズ用 中サイズ用

小サイズは掛けふとんにレースを入れてちょっとおしゃれに。
中サイズは掛けふとんと敷ふとんが一体化したポケット型です。

[道具]

● ミシンまたは
　ぬい針
● はさみ
● まち針

[材料]

小サイズ用

● カットクロス…図参照
● レース（2cm幅）
　…図参照
● キルト芯…図参照
● 中綿
● ミシン糸
● 手縫い糸

中サイズ用

● カットクロス…図参照
● キルト芯…図参照
● 中綿
● ミシン糸
● 手縫い糸

[作り方]

小サイズ用

1　布とキルト芯、リボンを裁ち方図の通りにカットする。

2　掛けふとんを作る。表布（下部）とレース、表布（上部）を上を揃えて中表で重ね、縫い代1cmで縫う 図1 。

3　2の表布（上部）を上へ折り返し、ステッチを入れる 図2 。

4　3の表布と裏布を中表に合わせ、裏になる布側にキルト芯をのせて 図3 、返し口を残して周囲を縫う。表に返して返し口をコの字とじ（P.68参照）で縫う。

5　敷ふとんを作る。布を中表に重ね、裏になる布側にキルト芯をのせて返し口を残して周囲を縫う。表に返して、返し口をコの字とじで縫う。

6　枕を作る。布を中表に重ねて返し口を残して縫う。表に返して中綿を詰め、返し口をコの字とじで縫う。

中サイズ用

1　布とキルト芯を裁ち方図の通りにカットする。

2　掛けふとん用の布2枚を中表に重ね 図1 、片面にキルト芯を重ねて上から1cmのところを縫う。表に返しておく。

3　2でできた掛けふとんと、敷ふとん用の布、キルト芯を重ねて 図2 、掛けふとんの下側2か所にタックを入れながら、返し口を残して周囲を縫う 図3 。

4　縫い代の角を斜めにカットする。こうしておくと表に返したときにきれいに角が出る。

5　返し口から表に返して、返し口をコの字とじ（P.68参照）で縫う。

6　枕は布を中表に合わせて返し口を残して縫う。表に返して中綿を詰め、返し口をコの字とじで縫う。

7　目打ちで角を整える。

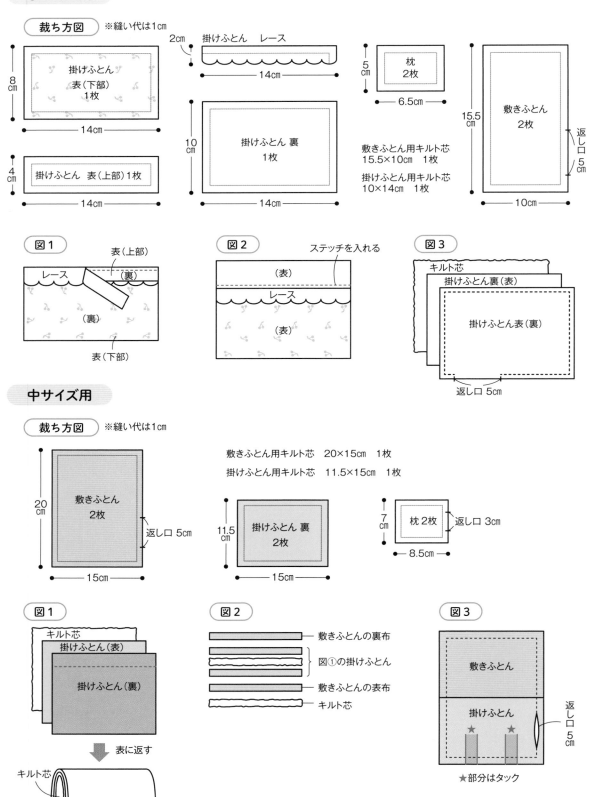

小サイズ用

裁ち方図　※縫い代は1cm

掛けふとん　表（下部）1枚　8cm × 14cm

掛けふとん　表（上部）1枚　4cm × 14cm

掛けふとん　レース　2cm × 14cm

掛けふとん　裏　1枚　10cm × 14cm

枕　2枚　5cm × 6.5cm

敷きふとん　2枚　15.5cm × 10cm　返し口 5cm

敷きふとん用キルト芯　15.5×10cm　1枚

掛けふとん用キルト芯　10×14cm　1枚

図1

レース
表（上部）
（裏）
（裏）
表（下部）

図2

ステッチを入れる
（表）
レース
（表）

図3

キルト芯
掛けふとん裏（表）
掛けふとん表（裏）
返し口 5cm

中サイズ用

裁ち方図　※縫い代は1cm

敷きふとん　2枚　20cm × 15cm　返し口 5cm

掛けふとん　裏　2枚　11.5cm × 15cm

枕 2枚　7cm × 8.5cm　返し口 3cm

敷きふとん用キルト芯　20×15cm　1枚

掛けふとん用キルト芯　11.5×15cm　1枚

図1

キルト芯
掛けふとん（表）
掛けふとん（裏）
表に返す
キルト芯

図2

敷きふとんの裏布
図①の掛けふとん
敷きふとんの表布
キルト芯

図3

敷きふとん
掛けふとん
返し口 5cm
★部分はタック

おくるみ

PHOTO → P.19 小サイズ用 中サイズ用

まるで赤ちゃんのように、ぬいを優しく包めるおくるみ。
肌触りのよい、やわらかなガーゼで作りましょう。

[道具]

- ●ミシンまたは縫い針
- ●はさみ
- ●まち針
- ●布用接着剤

[材料]

- ●プリントガーゼ生地…図参照
- ●ミシン糸
- ●手縫い糸
- ●ゴムひも

[作り方]

小サイズ用 中サイズ用 共通

1 布を図の通りにカットする。

2 ヘッドカバーの長辺を1cm裏へ折り返して縫う。布用接着剤で貼ってもよい。

3 ヘッドカバーの角を表布の角と合わせ（図1）、上から裏布を中表になるように重ね、返し口を残して周囲を縫う。

4 縫い代の角を斜めにカットする（図2）。こうすることで角がきれいに出る。

5 表に返して、返し口をコの字とじ（P.68参照）で縫う。

裁ち方図 ※縫い代は1cm

本体
2枚

25cm

25cm

返し口 5cm

12cm

12cm

ヘッドカバー

図1

中表に重ねる

裏布
（裏）

表布
（表）

（表）

図2

包み方

ヘッドカバーに頭を入れ、左右を折りたたんでから下からくるみ、ゴムひもで結んで留める。

PART **1** おくるみ

アイマスク

PHOTO → P.19 | 小サイズ用　中サイズ用

フェルトを切って貼り合わせるだけだから
とても簡単に作れます。
お好みの顔や色にアレンジしてみてください。

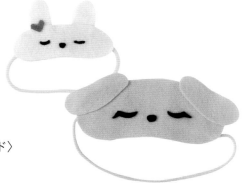

[道具]
- はさみ
- 布用接着剤

[材料]
- フェルト … 適宜
  〈ベージュ・ブラック・ホワイト・レッド〉
- カラーゴム

[作り方]

小サイズ用　中サイズ用　共通

1 下の型紙を使ってフェルトをカットする。目や鼻
　のパーツは好きな形にカットする。

2 本体の裏にたっぷり布用接着剤をつけ、カラーゴ
　ムをはさんで貼り合わせる 図1 。小サイズはこ
　のときに耳のパーツもはさんで貼る。

3 残りのパーツを布用接着剤で貼りつける。

図1

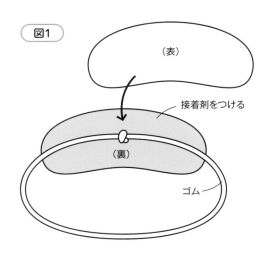

（表）

接着剤をつける

（裏）

ゴム

[型紙]

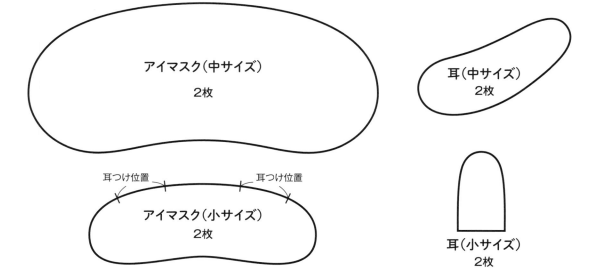

アイマスク（中サイズ）
2枚

耳（中サイズ）
2枚

耳つけ位置　　　　　　耳つけ位置

アイマスク（小サイズ）
2枚

耳（小サイズ）
2枚

ぬい用ハーネス＆ストラップ

PHOTO → P.20　｜　小サイズ用　　中サイズ用

ぬいと一緒に、おでかけしたい！
そんなときに便利なぬい用ハーネス。
ストラップは好みのビーズを組み合わせて作ってみて。

※強く引っぱられるなどの力が加わると、ハーネスからぬいが外れる
　ことがあります。注意して使用しましょう。

［道具］

● ミシンまたは縫い針
● はさみ
● 布用または多用途接着剤

［材料］

ハーネス

小サイズ用

● リボン（1cm幅）…図参照
● Dカン（10mm）… 1個
● ゴムテグス
● 縫い糸
● 面ファスナー

中サイズ用

● リボン（1.5cm幅）…図参照
● Dカン（15mm）… 1個
● ゴムテグス
● 縫い糸
● 面ファスナー

ストラップ

● お好きなチェーンやビーズ
● カニカン… 2個
● 丸カン… 2個
● つぶし玉
　… 2個（ビーズの場合）
● ボールチップ
　… 2個（ビーズの場合）
● ナイロンコードワイヤー
　（ビーズの場合）

［作り方］

1 ハーネスを作る。リボンをカットする 図1 。

2 リボンAの両端を裏側へ1cm折って接着剤で貼る（接着剤でつきにくいときは縫い合わせる）。面ファスナーをつける。

3 リボンBの2本を図のように置いてリボンAに縫い合わせる 図2 。

4 リボンCはDカンを通して半分に折り、両端を重ねてリボンAの中心に縫い合わせる 図2 。

5 Dカンのすぐ下を縫う。装着してみて頭が前に下がってしまう場合は、Dカンの下あたりにゴムテグスを通して輪にし、頭にひっかけて固定する。

6 ストラップはP.62の写真のように金具をつけて作る。

図1　リボンの切り方

※〈　〉内の数字は中サイズ

┌─────────────────────┐
│　　　　　　　Ⓐ　　　　　　　│
└─────────────────────┘
├──── 12〈17〉cm ────┤

┌──────────┐
│　　　　Ⓑ　　　　│ ×2本
└──────────┘
├── 6〈8〉cm ──┤

┌─────────────────────┐
│　　　　　　　Ⓒ　　　　　　　│
└─────────────────────┘
├──────── 14〈22〉cm ────────┤

図2

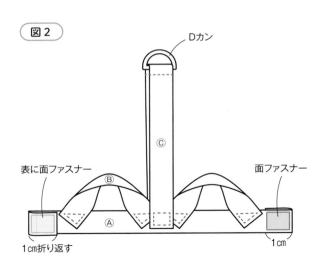

Dカン

表に面ファスナー

B

C

A

面ファスナー

1cm折り返す

1cm

丸カンの開閉の仕方

カンの切れ目を上にして、ヤットコ2本で両側から切れ目の近くをはさむ。切れ目を前後にずらすように開け、閉めるときも前後に動かして閉める。

COLUMN

ハーネスと一緒に使いたい
天使の羽

肩に背負うタイプの天使の羽。
ハーネスをつけた上からでも使えます。

[作り方]

1　下の型紙を使ってフェルトを2枚カットする。1枚に模様をバックステッチで刺しゅうする。

2　ゴムテグスを輪にして結ぶ。同じものを2本作って、フェルト2枚の真ん中にはさみ、フェルトを布用接着剤で貼り合わせる。

[型紙]

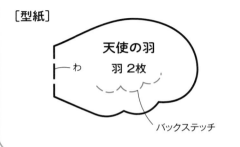

わ

天使の羽

羽 2枚

バックステッチ

ストラップ

カニカン

丸カン

チェーン

カニカン

丸カン

つぶし玉＆
ボールチップ
（扱い方は
P.66参照）

ナイロンコードワイヤーに
パールやビーズを通す

カニカン

丸カン

つぶし玉＆
ボールチップ
（扱い方は
P.66参照）

ナイロンコード
ワイヤーに
ビーズを通す

ヘッドドレス

PHOTO → P.21 | 小サイズ用　中サイズ用

好きなリボンやレースを重ねて縫って、
キラキラ光るパーツを貼るだけで簡単に作れます。
質感や幅の違うリボンを重ねて楽しんで！

［道具］

- ●縫い針
- ●はさみ
- ●多用途接着剤
- ●ほつれ止め液

［材料］

- ●お好みの装飾リボンやレース、ブレード
- ●リボン（4mm幅〈好みの色〉）
- ●リボンパーツ
- ●ラインストーンやパール（貼り付けタイプ）
- ●縫い糸

［作り方］

小サイズ用　中サイズ用　共通　※〈　〉内の数字は中サイズ用

1 お好みのリボン、レースを7.5〈13〉cmにカットする。両端を5mmずつ裏側へ折って縫っておく（ほつれにくいものは1cm短くカットして、ほつれ止め液をつけておくだけでもよい）。

2 リボン数種を重ねて、中心をなるべく表に糸が見えないように縫う。

3 リボンパーツ、ラインストーンやパールなどを貼って装飾する。ラインストーンやパールはシールタイプのものが便利。

4 両端の裏側に細いリボンを1cm重ねて縫い付ける。リボンの端にはほつれ止め液をつけておく。

重ねたリボンを縫う

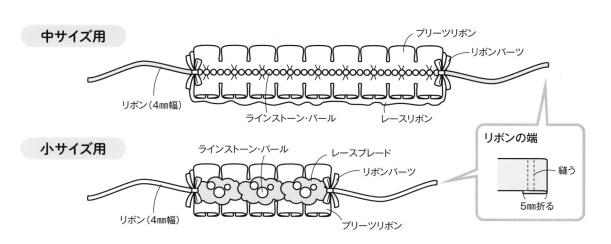

中サイズ用

プリーツリボン
リボンパーツ
リボン（4mm幅）
ラインストーン・パール
レースリボン

小サイズ用

ラインストーン・パール
レースブレード
リボンパーツ
リボン（4mm幅）
プリーツリボン

リボンの端
縫う
5mm折る

クリアバッグ

PHOTO → P.21 | 小サイズ用　中サイズ用

ビニールシートの中にビーズや
小さなパーツを閉じ込めた、クリアバッグ。
アジャスターで長さを変えられるので、
小・中サイズどちらにも使えます。

[道具]

●ヘアアイロン
●クッキングシート
●目打ち
●ヤットコ
●ニッパー

[材料]

●PVC（ポリ塩化ビニル）シート … 図参照
●カニカン&アジャスターセット
●丸カン
●Cカン
　※チェーンによって適したCカンがあるので、購入
　　時に確認しましょう。
●好みのパーツやビーズ

[作り方]

1　PVCシートをカットし、両端を5mm重ねて
　輪にして折る 図1 。

図1

```
        ← 5.5cm →
  ┌─────────────────┐
2.5cm │   PVCシート    │  →
  └─────────────────┘
```
※縦横の大きさは入れるパーツの
　大きさに合わせましょう。

5mm重ねて折る

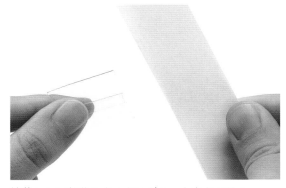

接着したい部分にクッキングシートをかぶせる。

2　上部にクッキングシートをかぶせ、端から約
　3mmの部分をヘアアイロンで5秒間はさん
　で接着し、冷ましておく。

ヘアアイロンは130〜150℃設定にし、接着したい部
分を5秒間はさむ。アイロンの低温度でもできるが、
温度が低い場合は少し長めにあてるとよい。

3 **2**で接着しなかった下側から好みのパーツやビーズを入れ、下側も**2**と同様にヘアアイロンで接着する。

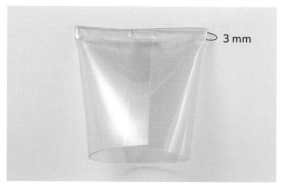

接着できたところ。反対側からビーズなどを入れ、反対側も同じように接着する。

4 厚紙などの上に置き、接着した上側の角に目打ちで穴を開ける。

5 チェーンの端の鎖を目打ちで広げ、広げたチェーンをCカンに通す。

チェーンが細く、Cカンが通らないときは目打ちで広げる。厚紙やカッティングマットの上に置き、目打ちを入れてグリグリと回すようにすると目が広がる。

広げた部分にCカンを通す。

6 丸カンを開き（開閉の仕方はP.62）、**4**の穴に通す **図2**。チェーンの端も通して丸カンを閉める。

図2

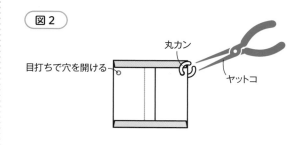

目打ちで穴を開ける　　丸カン　　ヤットコ

7 **6**の反対側をカニカンとアジャスターにつなぐ。

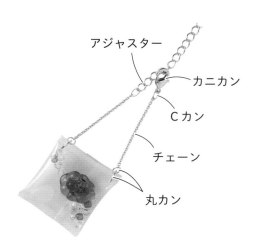

アジャスター

カニカン

Cカン

チェーン

丸カン

アクセサリー各種

PHOTO → P.21 | 小サイズ用 中サイズ用

チェーンやビーズ、チャームなどを組み合わせて
推しぬい用の小さなアクセサリーを作りましょう。
アクセサリーがあるとより本格的なコーディネートが楽しめます。

[道具]
- ●ヤットコ
- ●ニッパー
- ●目打ち

[材料]
- ●お好きなチェーンやビーズなどのパーツ
- ●各種アクセサリー金具
- ●ナイロンコードワイヤーまたはゴムテグス

つぶし玉＋
ボールチップ

ゴムテグスに
パールを通す

[作り方]

1 ビーズを使う場合はナイロンコードワイヤーまたは
ゴムテグスに通す。長さ調整できる金具を使わない
場合はゴムテグスにする。

2 写真のようにアクセサリー金具でつないで仕上げる。

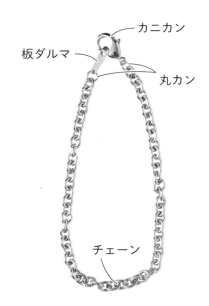

カニカン

板ダルマ

丸カン

チェーン

┃つぶし玉とボールチップの使い方

ナイロンコード

つぶし玉

ボールチップ

①ナイロンコードワイ
ヤーをボールチップの
穴に通し、つぶし玉を
通す。

2重に通して
つぶす

②つぶし玉にワイヤーが
2重になるように通
したら引き締め、ヤッ
トコでつぶし玉をつ
ぶす。ワイヤーの端は
短くカットし、ボール
チップを閉じる。

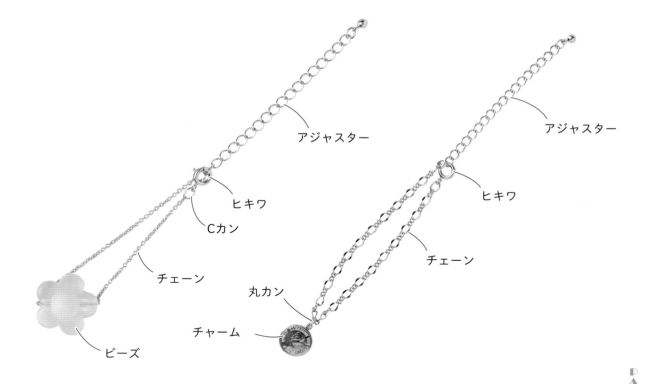

アジャスター

アジャスター

ヒキワ

ヒキワ

Cカン

チェーン

チェーン

丸カン

チャーム

ビーズ

COLUMN

簡単にできる ワンピース

縫うのが苦手な人は縫わずに作れる
超簡単ワンピースを作ってみましょう。

丈

1 布や幅広のリボンを用意する。布をぬいの首下に当ててみて縦がお好みの丈に約2cmほどプラスした長さが目安。横幅は首回りの2倍の長さにカットする。

2 1の両端を上から約2cm残し（ここに片腕が通る）、下部分は中表にして約5mm重ねて貼り合わせる。

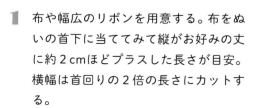

2cm

好みの丈

5mm重ねて貼る

3 上から約7mmを折り返し、端から約2mmを布用接着剤で貼る。裾は約5mm裏側へ折って貼る。

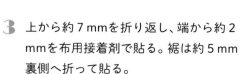

7mm

2mm貼る

5mm

4 反対側に約1cmの切り込みを入れる。切った部分を裏側へ少し折り込んで布用接着剤で貼る。2で残した上の部分も同じように裏側へ折って貼る。

5 3で作った上の通し穴にゴムひもを通して結ぶ。

stitch

この本で使う ソーイングの縫い方

玉結び
針に糸を通したら糸端に結び目を作り、
縫った糸が抜けないようにする。

① ② ③ 2〜3mm

人差し指に糸端を巻きつけたら、指を擦り合わせるようにして糸を
絡ませて結び目を作る。

玉留め
縫い終わったら糸が抜けないように結んで
留める。

②針を抜く
①押さえる

縫い終わりの位置に針を置いて糸を2〜3回巻き、巻きつけた
糸をしっかり引いて押さえながら針を抜く。

中表
布と布を合わせるとき、表どう
しを重ね合わせること。この状
態で縫い合わせたら表に返す。

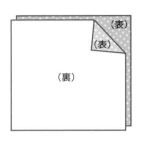

(表) (表) (裏)

半返し縫い ※ミシンの場合は直線縫い
表から見るとなみ縫いと同じよう
な縫い目になる縫い方。なみ縫い
より頑丈に仕上がる。

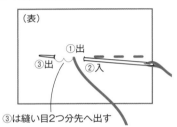

(表) ①出 ③出 ②入

③は縫い目2つ分先へ出す

ひと針縫ったら、ひと針の半分戻るを繰り
返す。表はなみ縫いと同じ見た目になる。

千鳥掛け ※ミシンの場合はジグザグ縫い
糸を斜めに交差させるかがり方。
布端を留めつけることでほつれる
のを防ぐことができる。

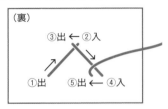

(裏) ③出 ←②入 ①出 ⑤出 ←④入

糸がクロスするように縫い留めていく。表
から見ると、糸がほんの少しだけ見える状
態に。

コの字とじ
返し口など、表に縫い目が出ないように布どうしを
とじ合わせるときの縫い方。

③出 ←②入 ④入 ①出

最初の玉結びは内側に隠れ
るように裏から表に針を出
す。糸は上下の布に垂直に渡
るようにする。

まつり縫い
表から縫い目が目立たないように縫い合わせる
縫い方。

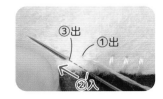

③出 ①出 ②入

糸が垂直に渡るように針を
刺したら、斜め上に出す。

刺しゅう

バックステッチ
1針ずつ後ろに戻りながら線を刺す技法。
飾りに使う。

③出 ①出 ②入

1針目と同じ間隔をあけて
裏から表へ出し、1針目のき
わに戻る。これを繰り返す。

ブランケットステッチ
布のふちをかがるステッチ。2枚のフェルトを重ねて、
このステッチでかがるとデザイン性の高い縁になる。

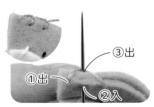

③出 ①出 ②入

1針目を表から裏へ糸を出
したら、2針目は少し間隔を
あけて同じように表から裏
へ針を出し、針に糸をかける
のを繰り返す。

Part

2

編み物
で作る

ぬい服と
こもの

かぎ針で編んで作る洋服やこものです。
基本的な編み方だけでできるので
初心者でも挑戦しやすい！
推しに合わせた色の毛糸で
作ってみましょう。

★この本で使うかぎ針編みの編み方はP.99にあります。

ニットセーター

PHOTO → P.10 | 小サイズ用 中サイズ用

首回りを広めにしているので、首回りからぬいぐるみの足を
入れて着せることができます。一見複雑そうに見えますが、
3つの編み方をマスターすれば作れます！

[道具]
- かぎ針4号
- とじ針
- はさみ

[材料]
小サイズ用
- iroiro〈38〉（DARUMA）… 約3g

中サイズ用
- iroiro〈9〉（DARUMA）… 約6g

[編み方]

小サイズ用 中サイズ用 共通 ※〈 〉内の数字は中サイズ用

1 はじめはくさり編み30〈40〉目を編む。

2 1を輪にする。2段めは中長編み、3段めからは細編みで6〈9〉段めまで増やし目をしながら編む。

3 7〈10〉段めは途中でくさり編み3目をして13〈18〉目とばして、14〈19〉目めに針を入れて編み進める。ここでとばした部分に右袖がつく（P.71【7段め・袖部分をとばして編む①】参照）。

4 さらに前身頃を14〈20〉目編んだら、くさり3目を編んで13目〈18〉目とばして14〈19〉目めに針を入れて後ろ身頃を編む（P.71【7段め・袖部分をとばして編む②】参照）。

5 身頃はそのまま増減なしで9〈13〉段めまで編み、10〈14〉段めは中長編みにして、編み終わりは引き抜かずに糸を切る。

6 袖は6〈8〉段めの袖つけ位置から新しい糸をつけて編み始め、2〈4〉段めを中長編みにする。右袖と左袖は拾う位置が違うので注意する（P.72【袖を編む】参照）。最後は引き抜かずに糸を切って、とじ針で始末する。

7 完成したら、スチームアイロンを当てるときれいな仕上がりになる。

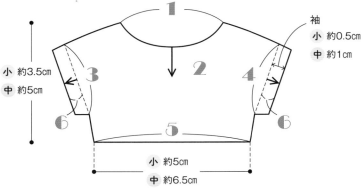

袖
小 約0.5cm
中 約1cm

小 約3.5cm
中 約5cm

小 約5cm
中 約6.5cm

■ 1 段めを編む

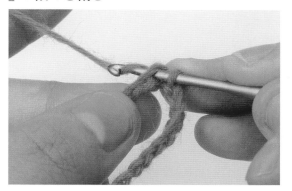

編みはじめは、くさり編み30〈40〉目。輪にして引き抜くと1段めができる。

② 2段めの中長編みが編めて、首回りができた。

首回り

② 前身頃を14〈20〉目編んだらくさり目を3目編み、13〈18〉目飛ばして14〈19〉目めに針を入れて細編みする。

くさり編み3目

■ 2 段めを編む

立ち上がりの目

① 2段めは中長編みなので、くさり編み2目で立ち上がる。

■ 7 段め・袖部分をとばして編む

くさり編み3目

① 11〈14〉目編んだらくさり編みを3目編み、13〈18〉目飛ばして14〈19〉目めに針を入れて細編みする。

■ 10目め・中長編み

身頃の最後、10〈14〉段めは中長編みをする。

PART **2**

ニットセーター

71

▌身頃の糸始末をする

糸は引き抜かず、とじ針に通して１目の頭を拾ってもう一度編み終わりに戻って始末する（P.99参照）。

② 新しい糸をつけて編み始める。

左袖

④ 左袖は６〈９〉段めで編んだくさり編みの１目めに針を入れ、右袖と同様に新しい糸をつけて編み始める。

▌袖を編む

右袖

① 右袖は６〈９〉段めで増し目をした右側に針を入れる。

③ 両袖とも２〈４〉段めを中長編みにする。編み終わりは身頃の最後と同じように始末する。

⑤ 左袖が編み終わったところ。脇の下で終わる。身頃の最後と同じように始末する。

72

ヨーク～身頃

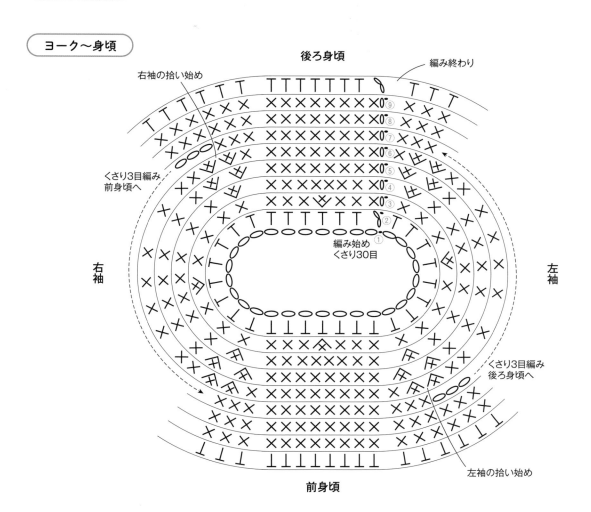

右袖の拾い始め
後ろ身頃
編み終わり
くさり3目編み
前身頃へ
右袖
左袖
編み始め
くさり30目
くさり3目編み
後ろ身頃へ
左袖の拾い始め
前身頃

右袖 ※P.72「袖を編む」①～③参照　　　　　**左袖** ※P.72「袖を編む」③～⑤参照

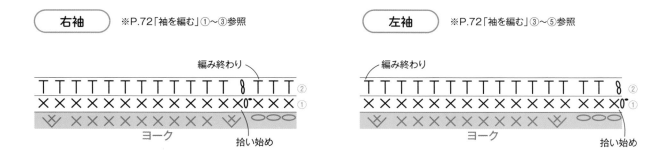

編み終わり
ヨーク
拾い始め

編み終わり
ヨーク
拾い始め

ヨーク〜身頃

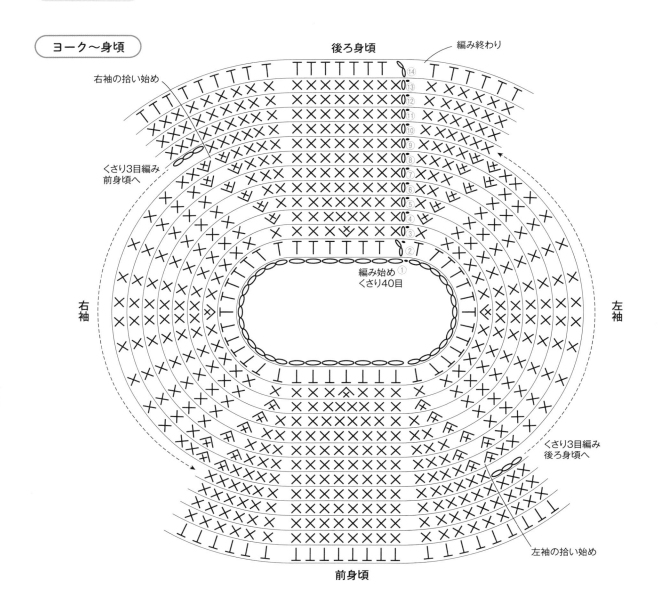

後ろ身頃

編み終わり

右袖の拾い始め

くさり3目編み
前身頃へ

右袖

左袖

編み始め①
くさり40目

くさり3目編み
後ろ身頃へ

左袖の拾い始め

前身頃

右袖 ※P.72「袖を編む」①〜③参照

左袖 ※P.72「袖を編む」③〜⑤参照

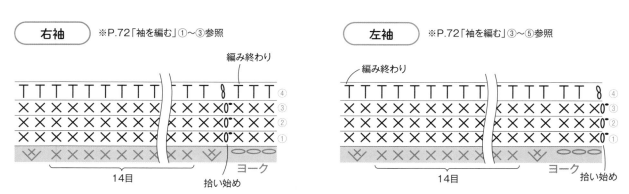

編み終わり

14目

ヨーク

拾い始め

編み終わり

14目

ヨーク

拾い始め

ベレー帽

PHOTO → P.8 | 小サイズ用 中サイズ用

ぬいにベレー帽をかぶせればぐっとおしゃれに！
トップにつけるリボンはお好みで。

［道 具］
● かぎ針4号
● とじ針
● はさみ

［材 料］
小サイズ用
● iroiro〈37〉（DARUMA）… 約8g
中サイズ用
● iroiro〈47〉（DARUMA）… 約20g

［編み方］

小サイズ用 中サイズ用 共通　※〈　〉内の数字は中サイズ用

1 輪の作り目で編み始める。

2 12〈21〉段めまでは増し目をしながら細編みで編む。

3 13〜16〈22〜25〉段めまでは増減なしで細編みで編む。

4 17〜19〈26〜32〉段めまでは減らし目をしながら細編みで編む。

5 20〈33〉段めはすじ編みをする。これをすることで折り返しやすくなる。

6 21〜22〈34〜36〉段めは増減なしで細編みをする。編み終わりは引き抜かず、糸を切ってとじ針で始末する。

7 リボンはくさり編みの作り目40目を編み、2段編む。

8 7の糸始末をしたら、リボン型にする。

9 20cmに切った糸でリボンの中央と帽子の中心を3回ほどきつく巻いて留める。

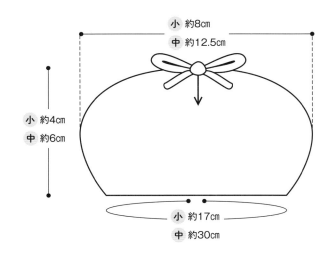

小 約8cm
中 約12.5cm

小 約4cm
中 約6cm

小 約17cm
中 約30cm

すじ編み

① 20〈33〉段めは内側に折れるようにするため
すじ編みをする。前段の細編みの頭2本のう
ち手前の1本に針を入れる。

② 20〈33〉段めのすじ編みが編めたところ。前段
との間にすじができる。

リボンを作ってつける

① リボンにするひもは編み終わったら、糸端を
とじ針に通して編み地の中にくぐらせて始末
する。

② リボンにするひもをリボン型にする。結ばず
に、中心で交差させるようにして形作る。

③ とじ針に糸を通し、帽子のトップの裏から表
へ糸を出す。②をトップの中心に置き、出し
た糸をリボンの交差しているところの上から
下へ渡して、糸を出したところに針を刺す。

④ ③と同様にリボンの中心を2～3周してとじ
つける。最後は裏へ糸を出し、糸端は裏側で
通して始末する。

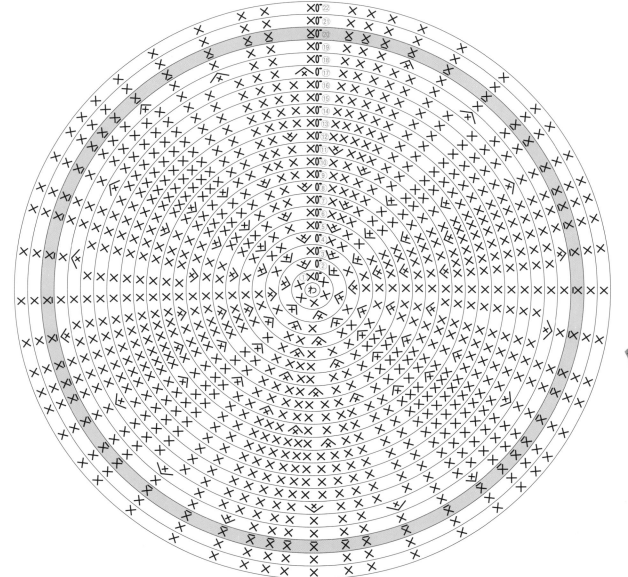

リボン

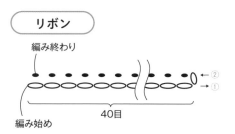

編み終わり

編み始め

40目

6回くり返す

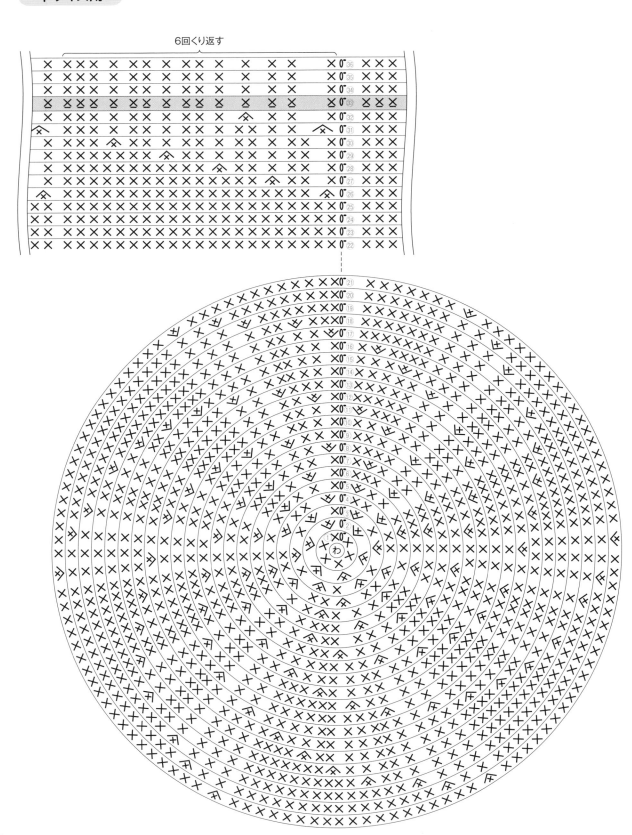

ニット帽

PHOTO → P.11 | 小サイズ用　中サイズ用

冬のおしゃれの定番、ニット帽。ぬいサイズの
小さなポンポンはフォークで作るのがおすすめです！

[道 具]

- かぎ針4号
- とじ針
- はさみ

[材 料]

小サイズ用
- iroiro〈36〉(DARUMA)…約8g
  （内ポンポン…約2g）

中サイズ用
- iroiro〈15〉(DARUMA)…約17g

[編み方]

小サイズ用　中サイズ用　共通　※〈　〉内の数字は中サイズ用

1 くさり編みの作り目を55〈88〉目編み、1目め
に引き抜いて輪にする。

2 2段めから3〈4〉段めまでは長編みをする。

3 4〈5〉段めは細編み。立ち上がりのくさりを
1目と数え、前段よりも1目減る。15〈26〉段
めまで細編みで編む。

4 16〜17〈27〜29〉段めは減らし目をして編
む。編み終わりは20cmほど残して切り、とじ
針で17〈29〉段めの細編みの頭を互い違いに
2周すくい、引き絞ったら糸端を裏に出して
始末する。

5 ポンポンを作る。フォーク（先端が約2cm幅
のもの）に毛糸を100回巻き、共糸で中央をし
ばる。輪になった両端を切って毛の長さを切
り揃える。中央をしばった糸を、ニット帽の
トップに通し、裏側でゆるまないように始末
する(P.80【ポンポンを作ってつける】参照)。

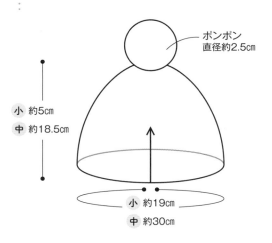

ポンポン
直径約2.5cm

小 約5cm
中 約18.5cm

小 約19cm
中 約30cm

■ 長編みの立ち上がり

3目

長編みはくさり3目で立ち上がる。長編みのとき
はこれを1目と数える。

■ 編み終わり

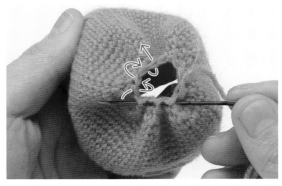

編み終わりの糸をとじ針に通し、最後の段の細編
みの頭を互い違いに拾って2周する。引き絞って、
裏側で始末する。

■ ポンポンを作ってつける

① フォークに毛糸を100回巻いたら別の糸で中
　心を2～3周してしっかり結ぶ。糸端は約
　10cmずつ残しておく。輪になった部分にはさ
　みを入れて切る。

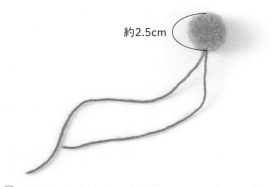

約2.5cm

② 毛先を丸く整えて直径約2.5cmにする。ポン
　ポンができたところ。

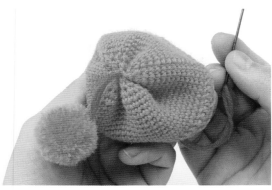

③ 残しておいた糸端をとじ針に通して、帽子の
　トップに通す。

④ 糸端2本は編み地の裏でそれぞれ逆の方向へ
　通して始末する。

小サイズ用

編み終わり
編み始め
50
45
40
35
30
25
20
15
10
5
1
55

中サイズ用

編み終わり
編み始め
45
40
35
30
25
20
15
10
5
1
88
85

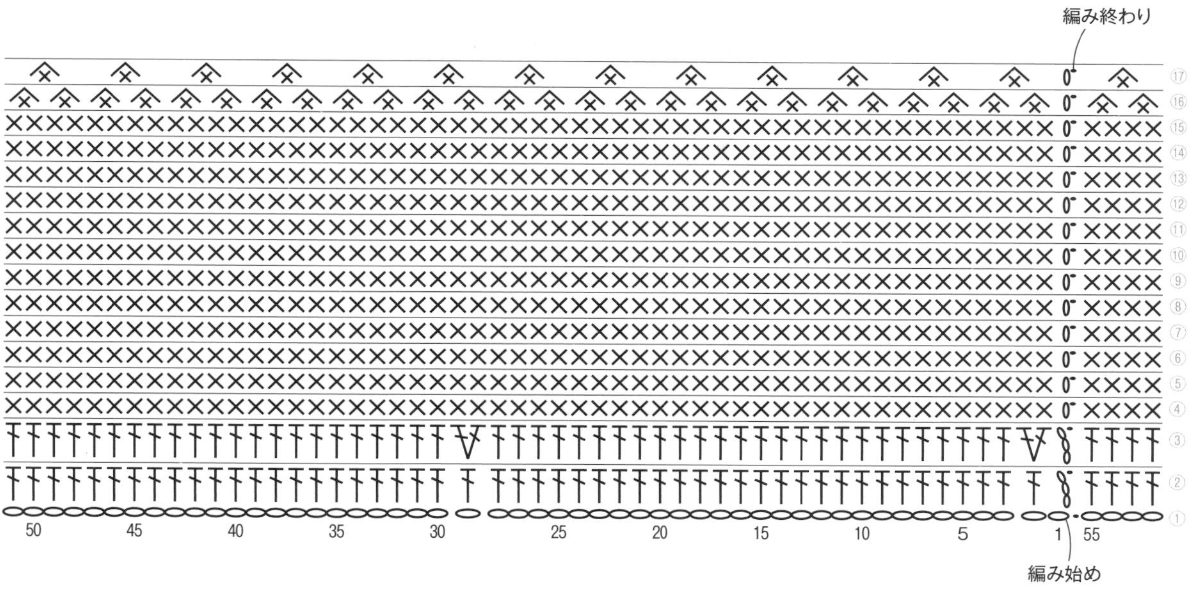

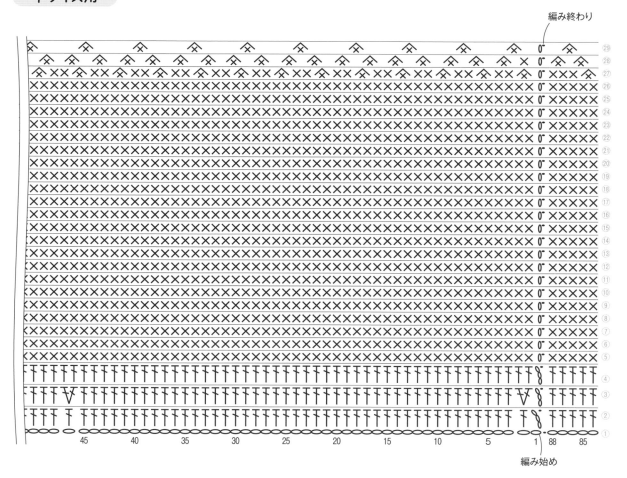

麦わら帽子

PHOTO → P.13 | 小サイズ用　中サイズ用

夏素材の糸で編んで麦わら帽子を作りましょう。
トップからサイド、サイドからブリムへの切り替わりは
1段すじ編みを入れるのがポイントです。

[道具]

- かぎ針4号
- とじ針
- はさみ

[材料]

小サイズ用
- ハマナカ エコアンダリヤ《《クロッシェ》》〈803〉(ハマナカ) … 約6g

中サイズ用
- ハマナカ エコアンダリヤ《《クロッシェ》》〈804〉(ハマナカ) … 約14g

[編み方]

小サイズ用　中サイズ用　共通　※〈　〉内の数字は中サイズ用

1. 輪の作り目で編み始め、増やし目をしながら7〈12〉段めまで細編みで編む。ここまでがトップ部分となる。

2. 8〈13〉段めはすじ編みにする(P.83【すじ編み】参照)。

3. 9〜15〈14〜24〉段めまで、増やし目をしながら細編みで編む。ここまでがサイドとなる。

4. 16〈25〉段めはすじ編みの逆(前段の頭の手前だけをすくう)で編む(P.83【すじ編みの逆】参照)。

5. 17〜19〈26〜30〉段めも増やし目をしながら細編みをする。ここがブリム部分となる。編み終わりは引き抜かず糸を切って、とじ針でつないで始末する。

6. 好みでリボンを巻いてもよい。

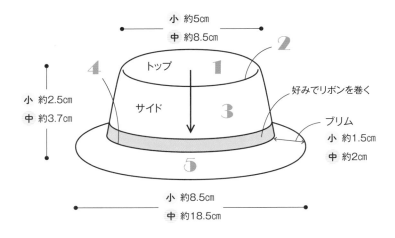

小 約5cm / 中 約8.5cm

4 トップ 1 2
好みでリボンを巻く

小 約2.5cm / 中 約3.7cm

サイド 3

ブリム
小 約1.5cm / 中 約2cm

5

小 約8.5cm / 中 約18.5cm

▌すじ編み

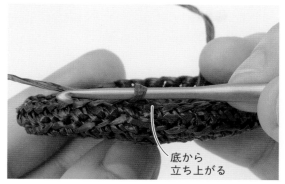

底から
立ち上がる

8〈13〉段めはすじ編み。すじ編みにすることで
トップ部分からサイドへ立ち上がる。

② 16〈25〉段めのすじ編みの逆が1段編めたと
ころ。こうすることでサイド部分からブリ
ムへ外側へ折れ曲がる。

▌すじ編みの逆

① 16〈25〉段めはすじ編みの逆で、前段の頭の手
前だけをすくって細編みをする。

▌糸始末

① 編み終わりは引き抜かずに編み針に通して1
目めに通し、最後の目に戻す（P.99参照）。

② 編み終わりの糸は裏へ通して始末する。横に
通したほうが目立ちにくい。

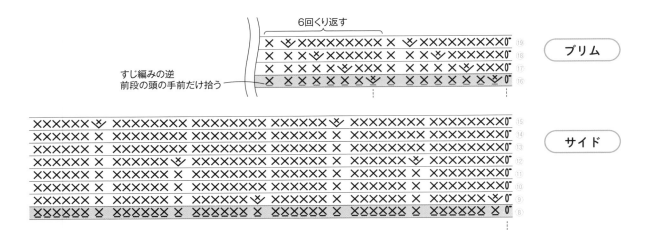

6回くり返す

ブリム

すじ編みの逆
前段の頭の手前だけ拾う

サイド

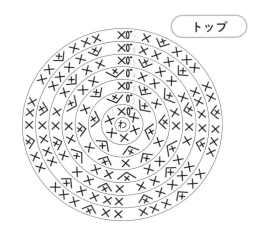

トップ

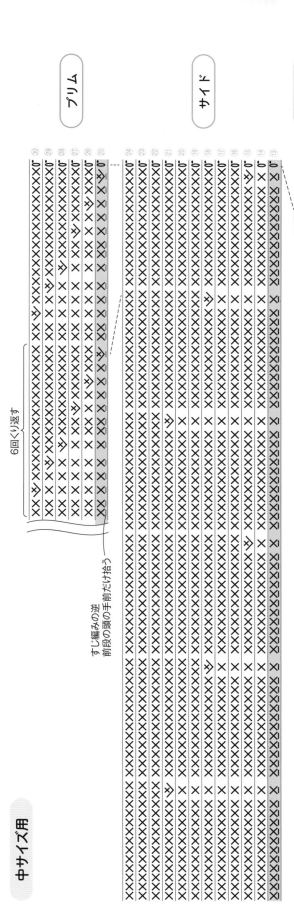

ブリム

サイド

トップ

6回くり返す

すじ編みの逆
前段の頭の手前だけ拾う

中サイズ用

麦わら帽子

ループマフラー

PHOTO → P.9 | 小サイズ用 中サイズ用

細編みで編んだマフラー本体の片端に花や星のモチーフを
つけてループにし、もう片方の端を通します。
初心者さんにもおすすめです！ 推し色で作っても。

[道具]

- かぎ針4号
- とじ針
- はさみ

[材料]

小サイズ用

- iroiro〈42〉(DARUMA)…約3g
  (花モチーフは別糸〈2〉で1g未満)

中サイズ用

- iroiro〈19〉(DARUMA)…約6g
  (星モチーフは別糸〈32〉で1g未満)

[編み方]

小サイズ用 中サイズ用 共通 ※〈 〉内の数字は中サイズ用

1 本体を編む。1段めは鎖編みで8〈10〉目編み、2段めからは、くさり1目で立ち上がって細編みで55〈78〉段編む。

2 編み終わりの糸を長さの3倍残して切り、縦に半分に折って、とじ針で巻きかがって3辺をとじる。こうすることでマフラーらしい厚みになる。

3 ループ部分のモチーフを作る。花も星も編み始めの糸を15cmほど残して輪の作り目で編み始め、編み図の通りに編む。編み終わりはとじ針で3段めの最初のくさりにつながるように始末する。編み終わりも15cmほど残す。星は同じものをもう1枚作る。

4 3の編み始め、編み終わりの糸を使って本体に縫い留める。

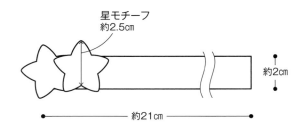

星モチーフ
約2.5cm

約2cm

約21cm

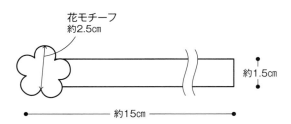

花モチーフ
約2.5cm

約1.5cm

約15cm

▌糸始末

 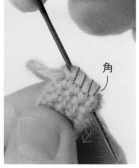

本体は編み終わった糸をとじ針に通して、角からまずは短辺をかがって端までとじる。裏を通して角まで戻り、次に長辺をとじる。

▌花モチーフ

引き抜いたところ

花モチーフの3段めは花びらが5枚できる。各花びらの最後の引き抜き編みは、長編みを2目編んだところと同じところに引き抜く。

▌星モチーフ

① 星モチーフの3段めは星のとがった部分となる。長編み1目、くさり編み1目のあとの引き抜き編み1目めは長編みの途中に針を入れて引き抜く。

② ①の続きの最後の引き抜き編み1目は長編みを編んだ目と同じところに引き抜く。

▌モチーフを縫い留める

① 花モチーフの編み終わりの糸はとじ針に通して、本体とモチーフを交互に少しずつすくって留める。編み始めの糸は裏側を通して端に出し、同じように縫い留める。

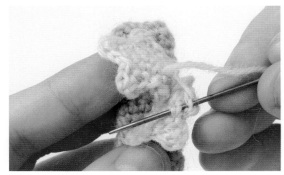

② 星モチーフは同じものを2枚作り、1枚の端は本体の端に合わせて縫い留める。もう1枚は本体が通るように幅を決めて、端を留めてから2枚を縫い留める。

PART **2**

ループマフラー

87

小サイズ用

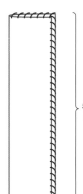

マフラー本体

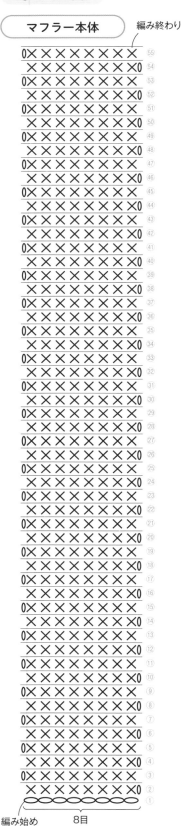

編み終わり

編み始め　　8目

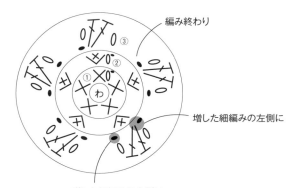

55段

本体の編み終わり糸を長さの3倍残して切り、
縦半分に折ってとじ針で巻かがって
三辺ををとじる

花モチーフ

編み終わり

増した細編みの左側に

増した細編みの右側に

編み始め・編み終わりとも約15cm糸を残し、
裏で目の間を通して端に出す。
その糸でマフラー本体に縫いとめる

●の部分をマフラー本体から
1目すくってとめる

中サイズ用

マフラー本体

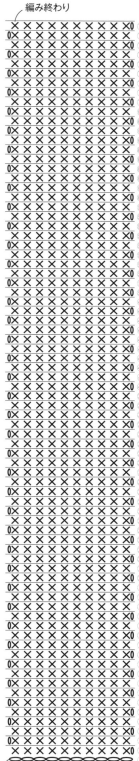

編み終わり

編み始め　10目

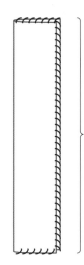

78段

本体の編み終わり糸を長さの3倍残して切り、
縦半分に折ってとじ針で巻かがって
三辺ををとじる

星モチーフ

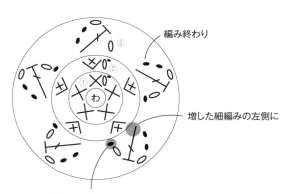

編み終わり

増した細編みの左側に

増した細編みの右側に

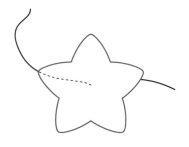

編み始め・編み終わりとも約15cm糸を残し、
裏で目の間を通して端に出す。
その糸でマフラー本体に縫いとめる

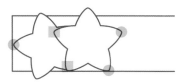

● の部分をマフラー本体から1目すくってとめる

■ の部分を星モチーフ同士縫いとめる

PART **2**　ループマフラー

フリンジマフラー

PHOTO → P.10 | 小サイズ用　中サイズ用

細長く編んで両端にフリンジをつけただけのシンプルマフラー。
簡単なので色違いでたくさん作って
洋服とのコーディネートを楽しんで。

[道具]
- かぎ針4号
- とじ針
- はさみ
- アイロン

[材料]

小サイズ用
- iroiro〈2〉(DARUMA) … 約3g

中サイズ用
- iroiro〈10〉(DARUMA) … 約6g

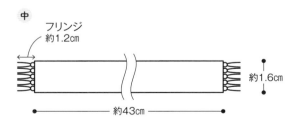

[編み方]

小サイズ用　中サイズ用　共通　※〈　〉内の数字は中サイズ用

1 本体を編む。1段めは鎖編みで4〈5〉目編み、2段めからはくさり1目で立ち上がって細編みで109〈147〉段編む。

2 編み始めと編み終わりの糸を始末する。

3 フリンジをつける。4〈4.5〉cmに切った糸を1段めの細編みの頭に通して結ぶ。4〈5〉本を通したら、スチームアイロンをかけてから1〈1.2〉cmに切り揃える。109〈147〉段めも同じようにする。

小　フリンジ
約1cm

約1.4cm

約32.5cm

中　フリンジ
約1.2cm

約1.6cm

約43cm

▌糸始末

編み始め、編み終わりの糸はとじ針に通し、裏側で2〜3段縦に通した後、横に2〜3目通してからカットするとよい。

▌フリンジをつける

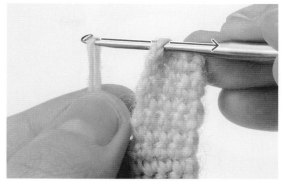

① フリンジを作る。1段めのくさりの頭にかぎ針を入れ、4cmに切った糸の真ん中をひっかける。

② ①でひっかけた糸を引き抜いたところ。ループの部分だけ手前に出す。

③ ②で向こう側に残った糸端2本をかぎ針にかけてループの中から引き抜く。糸端を引っ張ってしっかり結ぶ。残りも同じようにフリンジをつける。

④ フリンジにスチームアイロンをかけて糸をまっすぐにする。

⑤ フリンジをはさみで1〈1.2〉cmに切り揃える。

PART **2**

フリンジマフラー

小サイズ用

(マフラー)

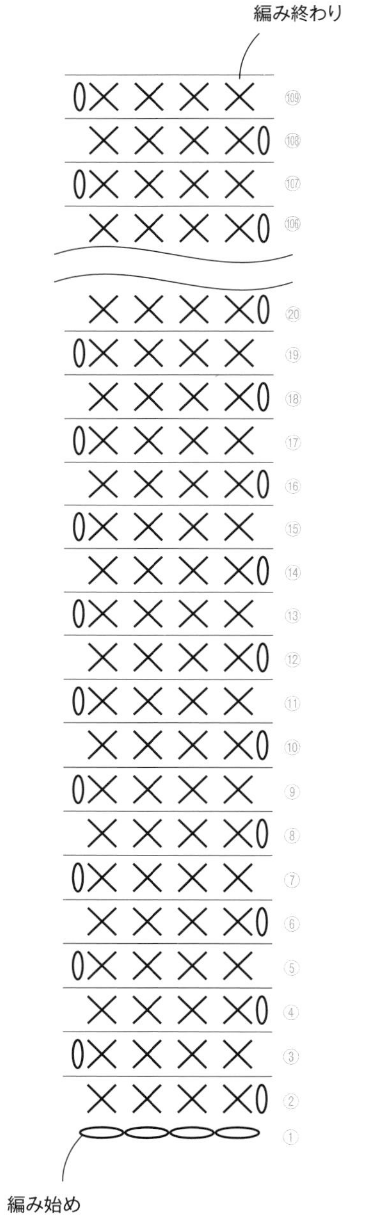

編み終わり

編み始め

中サイズ用

(マフラー)

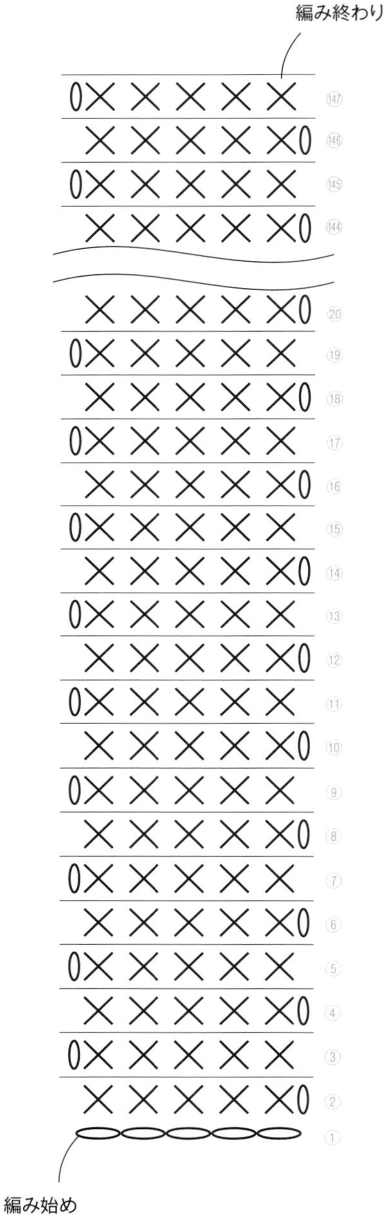

編み終わり

編み始め

ふたつきポシェット

PHOTO → P.12 | 　小サイズ用　　中サイズ用

肩から斜め掛けにするふたつきのポシェット。
肩ひもの長さを変えるだけで小サイズ、中サイズどちらの
ぬいにも使えます。

[道具]
● かぎ針4号
● とじ針
● はさみ

[材料]
　小サイズ用　　中サイズ用
● ハマナカ ウオッシュコットン〈27〉（ハマナカ）
　…約3g

[編み方]

　小サイズ用　　中サイズ用　共通　※〈　〉内の数字は中サイズ用

1　本体を編む。編み始めの糸は約20cm残し、1
　　段めは鎖編みで7目編み、2段め以降はくさ
　　り1目で立ち上がって細編みで17段編む。

2　編み終わりの糸を始末する。5段めと6段め
　　の間のところで折り曲げ、端を編み始めの糸
　　で巻きかがる。反対側の端も新たな糸で巻き
　　かがり、糸端を始末する。

3　肩ひもをつける。とじて袋になった部分のす
　　ぐ上に新しい糸をつけ、鎖編みを30〈40〉目編
　　んで2段めは細編みをする。糸端を始末する。

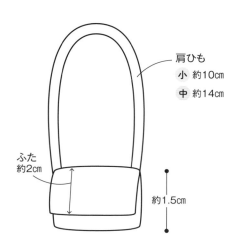

肩ひも
小 約10cm
中 約14cm

ふた
約2cm

約1.5cm

▋編み地を折って端をかがる

① 5段めと6段めの間で折り曲げ、編み始めの
　糸をとじ針に通して片側を巻きかがる。

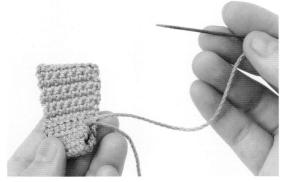

② 新しい糸を約20cm用意してとじ針に通し、糸
　端を長めに残しておいて、①の反対側をと
　じる。

③ ②で残しておいたとじ始めの糸はとじ針に通
　し、ふたの裏側に横に通して始末する。とじ
　終わりの糸はバッグの内側に通して始末する。

▋肩ひもを編む

① とじて袋になった部分のすぐ上の端にかぎ針
　を入れ、新しい糸を引き抜いて肩ひもの1段
　めのくさり編みを編み始める。

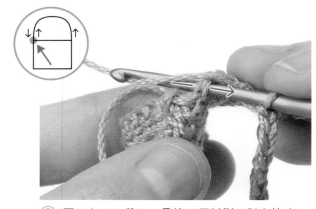

② 肩ひもの1段めの最後は反対側で引き抜く。

③ 肩ひもの2段めは細編みで編み、編み終わり
　の糸はとじ針に通してふたの裏側に通して始
　末する。

本体

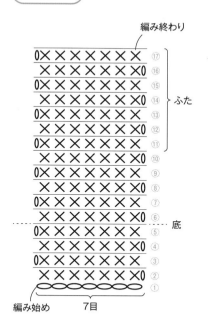

編み終わり

⑰ ⑯ ⑮ ⑭ ⑬ ⑫ ⑪ ⑩ ⑨ ⑧ ⑦ ⑥ ⑤ ④ ③ ②　}　ふた

底

① 編み始め　7目

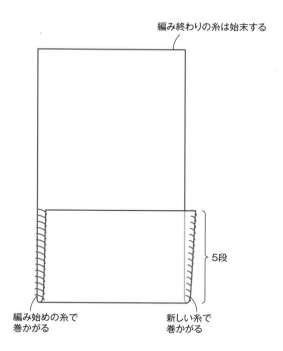

編み終わりの糸は始末する

5段

編み始めの糸で
巻かがる

新しい糸で
巻かがる

肩紐

| 小サイズ用 | :30目 |
| 中サイズ用 | :40目 |

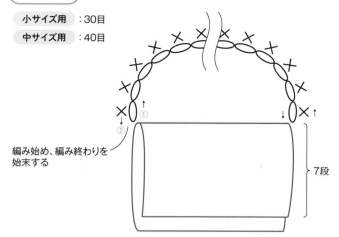

編み始め、編み終わりを
始末する

7段

ポシェット

PHOTO → P.13 | 小サイズ用　中サイズ用

バッグの口をボタンでとめるタイプのポシェット。
糸の種類を変えることによって、夏用バッグ風にするのも
おすすめです。

[道具]
- かぎ針4号
- とじ針
- はさみ

[材料]
小サイズ用　中サイズ用
- ハマナカ ウオッシュコットン〈18〉（ハマナカ）…約2g
  または
  ハマナカ エコアンダリヤ〈〈クロッシェ〉〉〈804〉（ハマナカ）…約1g

[編み方]

小サイズ用　中サイズ用　共通　※〈　〉内の数字は中サイズ用

1 鎖編み5目で作り目をし、2段めは増し目を
しながら細編みで編む。1〜2段めが底とな
る。

2 側面をしっかり立たせるために3段めはすじ
編みをし、側面は編み図の通りに編む。

3 5段めの3目めと4目めの間にピコットを編
み、ピコットの部分は裏側に出しておく。

4 肩ひもの1段め（全体の8段め）は鎖編み30
〈40〉目、2段め（全体の9段め）は細編みを
し、編み終わりはとじ針で始末する。

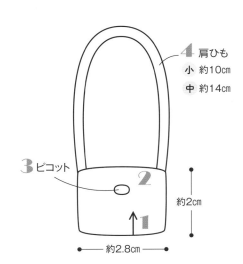

4 肩ひも
小 約10cm
中 約14cm

3 ピコット

2

1

約2cm

約2.8cm

■ 底から編む

底から編み始める。2段めは1段めのくさり編みをぐるりと拾って編む。8目めは6・7目めと同じ目に編み入れる。

■ すじ編み

3段めはすじ編みを編む。こうすることで立ち上がり、2段めまでが底、3段めからが側面となる。

■ ピコット

くさり3目

① 5段めは細編みを3目編んだら中長編みのピコットを編む。鎖3目を編んだら、かぎ針に糸をかける。

② くさり編みの1目めにかぎ針を入れて引き抜く（中長編みの途中）。針には3本のループが残っている。

1 2 3 4 5 6 7

③ かぎ針に糸をかけてから、②と同じところに針を入れて引き抜くのを合計3回繰り返す。針には7本のループがかかっている。

④ かぎ針に糸をかけて、③のループの中を一気に引き抜く。くさり編み2目を編み、ピコットを編み始めた細編みの1目めに引き抜く。

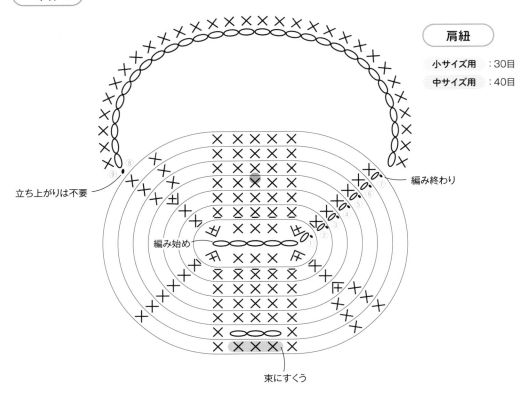

肩紐

小サイズ用	:30目
中サイズ用	:40目

編み終わり

立ち上がりは不要

編み始め

束にすくう

ピコット

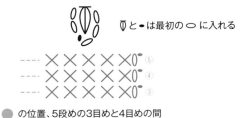

♈と●は最初の ⌒ に入れる

⑤ の位置、5段めの3目めと4目めの間

かぎ針編みの編み方
この本で使う

作り目

■ くさりの輪の作り目

1 編み図の通りに、輪の中心にくるくさりを編む。

2 作り目の1目めのくさりに針を入れる。

3 針に糸をかけて引き抜く。

4 くさり編みの輪ができる。

■ 輪の作り目(細編み)

1 指に糸端を3回巻きつけてはずし、糸を指にかける。かぎ針を、輪の中に入れる。

2 針に糸をかけて輪の中から引き出す。

3 もう一度糸をかけて、引き出すと編み始めの目ができる。これは1目めに数えない。

4 くさり編み1目で立ち上がり、輪の中に針を入れて必要な目数の細編みを編む。

5 糸端を少し引っ張ってみて、輪の2本の糸のうち動いた方の糸を持って引っ張り、もう片方の輪を引き締める。

6 糸端を引き、残りの輪も引き締める。

7 1目めの頭に針を入れて、引き抜き編みをすると1段めができる。

糸端の始末

■ くさりがつながったように見える目の止め方

  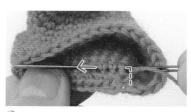

1 最後は糸を10cmほど残して切り、ループを引いて糸端をとじ針に通す。最後の段の1目めの頭2本に奥から手前に向かって針を入れる。

2 最後の目の頭2本に戻る。

3 糸端は裏側で端から数段通し、さらに横に2～3目通して糸を切る。

▌くさり編み ⬭

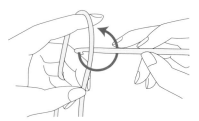

1 かぎ針を色の向こう側から当て、手前に開店させて輪を作る。

2 糸が交差した部分を親指と中指で押さえ、かぎ針に糸をかける。

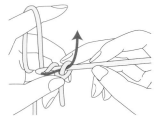

3 かけた糸を輪の中から引き出すと最初の目ができる。ただしこの目は目数に数えない。

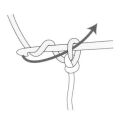

4 ループを軽く引きしめ、かぎ針に糸をかけてループの中から引き出す。これが鎖1目になる。

▌細編み ✕

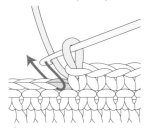

1 前段の目の頭2本にかぎ針を入れる。

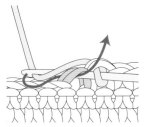

2 かぎ針に糸をかけ、向こう側から手前に引き出す。

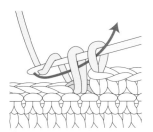

3 再びかぎ針に糸をかけ、2つのループを一度に引き抜く。

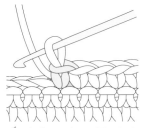

4 細編みが1目編めたところ。

▌すじ編み ✕

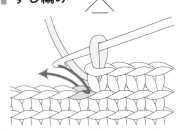

前段の目の向こう側半目だけに針を入れて、細編みを編む。

▌引き抜き編み ⬮

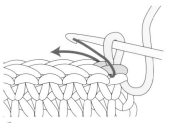

1 前段の目の頭2本にかぎ針を入れる。

2 かぎ針に糸をかけて一度に糸を引き出す。

▌中長編み ┬

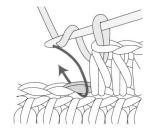

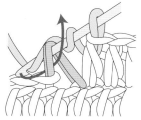

1 かぎ針に糸をかけ、前段の目の頭2本を拾って針を入れる。

2 かぎ針に糸をかけ、糸を引き出す。

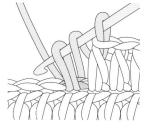

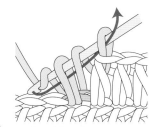

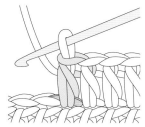

3 引き出したループが鎖2目分の高さになるようにする（この状態が未完成の中長編み）。

4 再びかぎ針に糸をかけて、針にかかった3つのループの中を一度に引き抜く。

5 中長編みができたところ。

▌長編み ┬

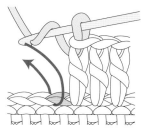

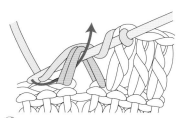

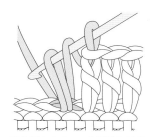

1 かぎ針に糸をかけ、前段の目の頭2本に針を入れる。

2 針に糸をかけ、糸を引き出す。

3 引き出したループが鎖2目分の高さになるようにする。

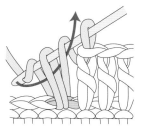

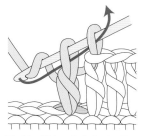

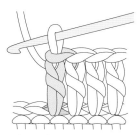

4 再びかぎ針に糸をかけ。針にかかったループ2つから引き抜く。

5 再びかぎ針に糸をかけ、針に残った2つのループを一度に引き抜く。

6 長編みができたところ。

増し目と減らし目

▌細編み2目編み入れる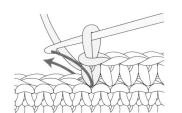

1 前段の目の頭2本を拾って細編み
を編む。さらに同じ目に針を入れて細
編みを編む。

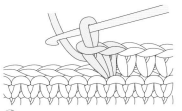

2 同じ目に細編みが2目編み入れら
れ、1目増える。

▌長編み2目編み入れる

1 針に糸をかけ、前段の目の頭2本に針を入れ
る（前段が長編みでも細編みでも同じ）。

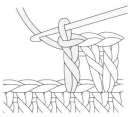

2 長編みを1目編む。

3 同じ目にもう1目長編みを編
む。1目増える。

▌細編み2目一度

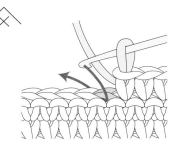

1 前段の目の頭2本にかぎ針を入れ
る。

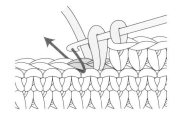

2 かぎ針に糸をかけて鎖1目分の高
さに引き出す。次の目の頭2本に針を
入れ、針に糸をかけて引き出す。

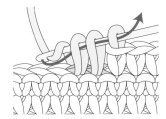

3 針に糸をかけ、針にかかっている
3つのループを一度に引き抜く。

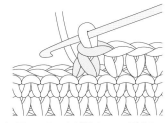

4 細編み2目一度が編めて、1目減る。

Part

3

型 紙

Part 1 のソーイングで作る
ぬい服・こものに使う型紙です。
すべて原寸なので、必要な部分を
コピーして使いましょう。

★型紙の使い方
① 作りたいものの型紙をコピーし、
　外側の線に沿ってカットする。
② 布の裏においてマスキングテー
　プなどで固定し、チャコペンで外
　側の線に沿って布に写す 図1 。
③ 型紙を内側のでき上がり線で
　カットし、もう一度布において縫
　い代を写す。返し口の線、切り込
　み線なども忘れずに写しておく
　図2 。

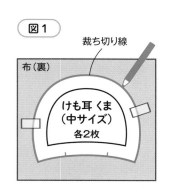

図1　裁ち切り線
布（裏）
けも耳くま
（中サイズ）
各2枚

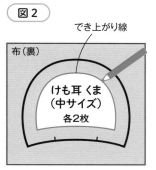

図2　でき上がり線
布（裏）
けも耳くま
（中サイズ）
各2枚

※型紙の中に「わ」とある場合は、型紙を写したらその線を軸にして反転させ、反対側にも同様に写す。

靴下で作る
トップス
もこもこルームウェア
タイツ

HOW TO MAKE ➡ P.26~31

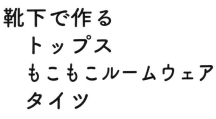

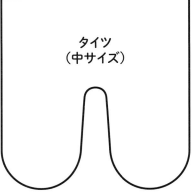

トップス
（小サイズ）

袖
2枚

タイツ
（中サイズ）

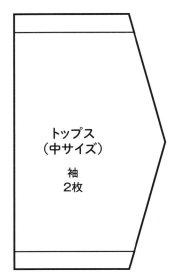

トップス
（中サイズ）

袖
2枚

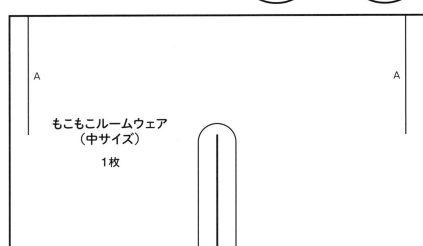

A

もこもこルームウェア
（中サイズ）

1枚

A

ねこみみ・うさみみ・くまみみ

HOW TO MAKE ➡ P.36~37

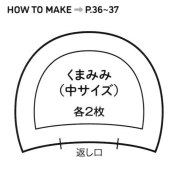

くまみみ
（中サイズ）

各2枚

返し口

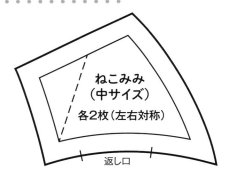

ねこみみ
（中サイズ）

各2枚（左右対称）

返し口

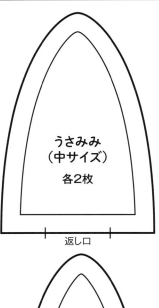

うさみみ
（中サイズ）

各2枚

返し口

くまみみ
（小サイズ）

各2枚

返し口

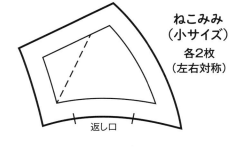

ねこみみ
（小サイズ）

各2枚
（左右対称）

返し口

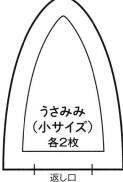

うさみみ
（小サイズ）

各2枚

返し口

型紙

靴下で作るトップス・もこもこルームウェア・タイツ／ねこみみ・うさみみ・くまみみ

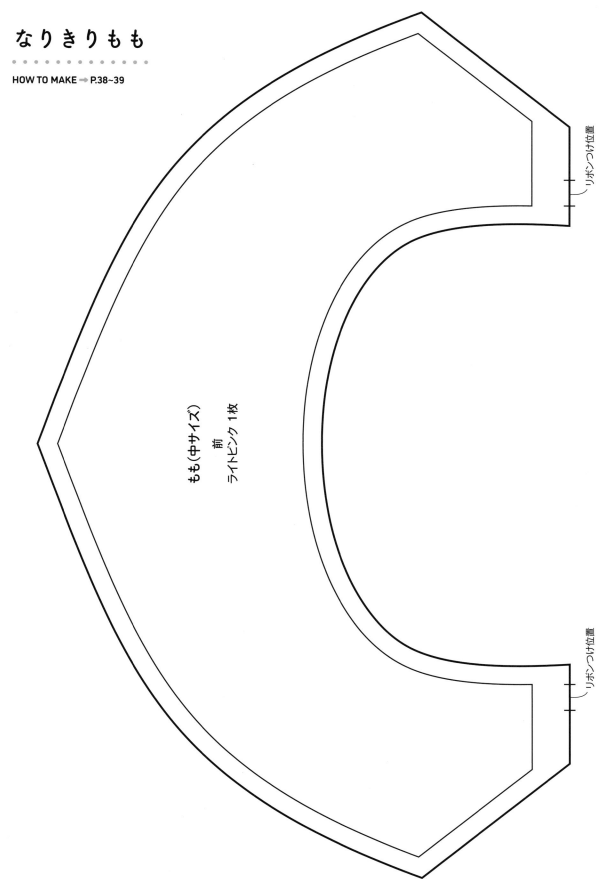

もも(中サイズ)
前
ライトピンク 1枚

リボンつけ位置

リボンつけ位置

型紙 💭 なりきりもも

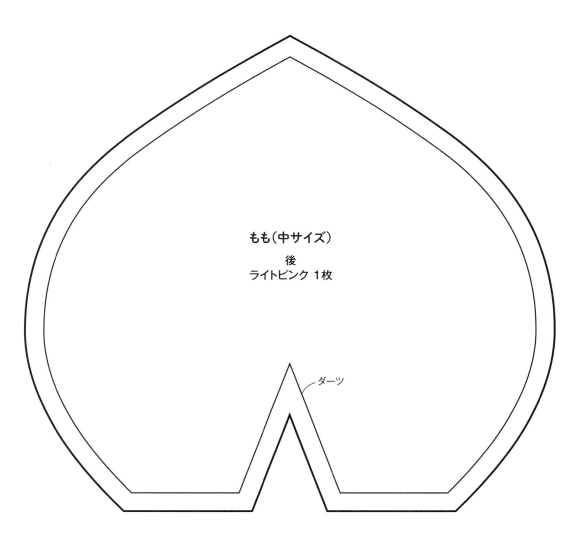

もも（中サイズ）
後
ライトピンク 1枚

ダーツ

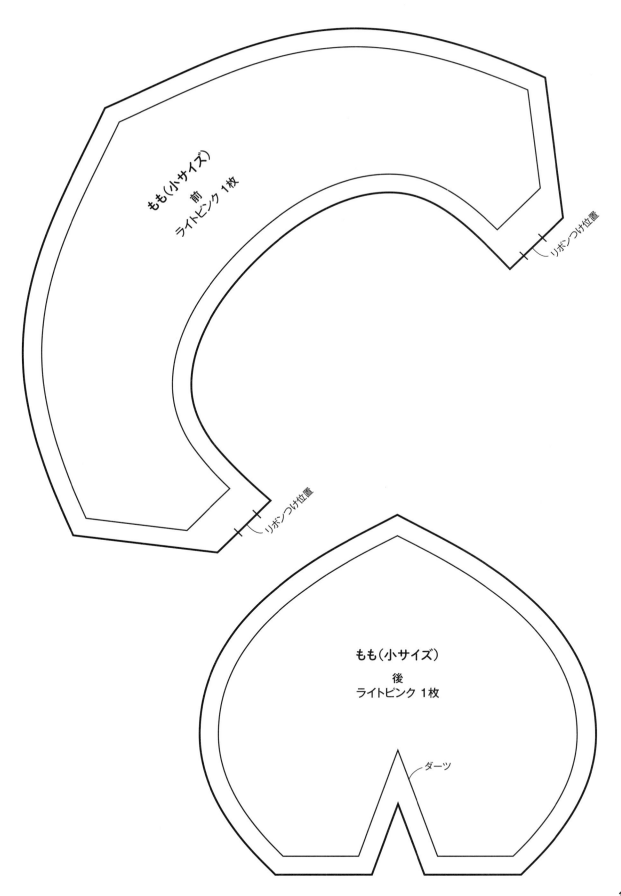

もも（小サイズ）
前
ライトピンク 1枚

リボンつけ位置

リボンつけ位置

もも（小サイズ）
後
ライトピンク 1枚

ダーツ

なりきりいちご

HOW TO MAKE → P.40~41

型紙　❤　なりきりいちご

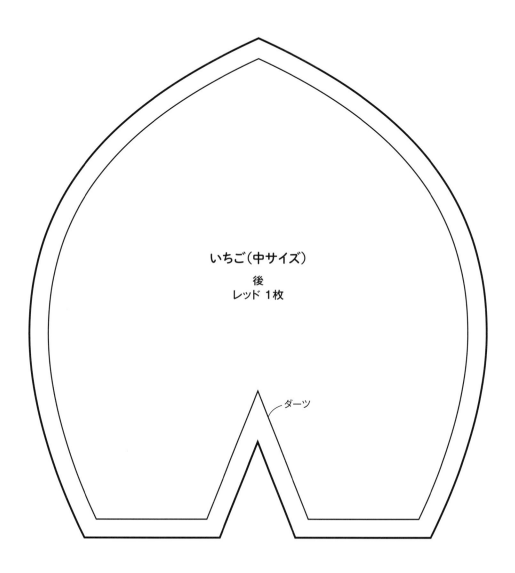

いちご（中サイズ）
後
レッド 1枚

ダーツ

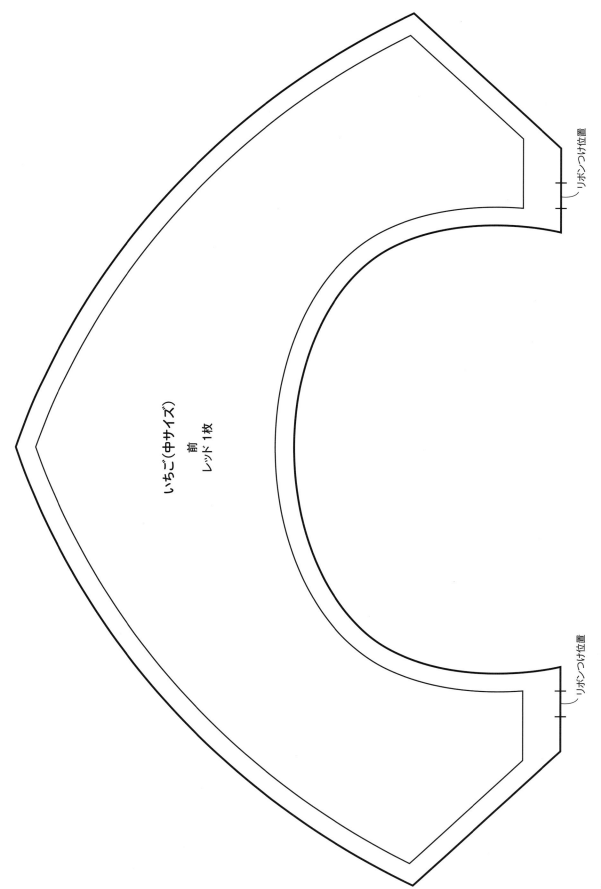

リボンつけ位置

リボンつけ位置

いちご（中サイズ）
前
レッド 1枚

型紙 🍓 なりきりいちご

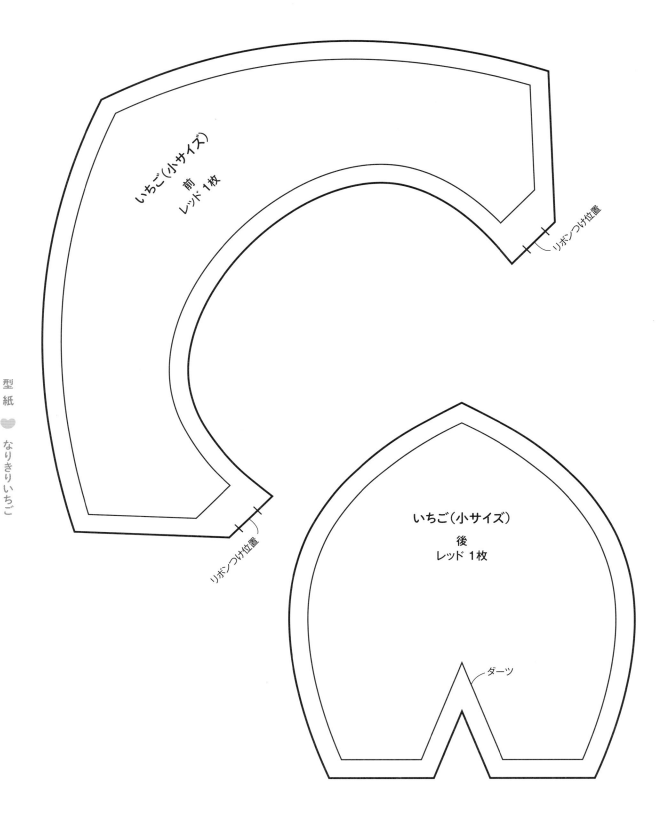

いちご（小サイズ）
前
レッド 1枚

リボンつけ位置

リボンつけ位置

型紙 なりきりいちご

いちご（小サイズ）
後
レッド 1枚

ダーツ

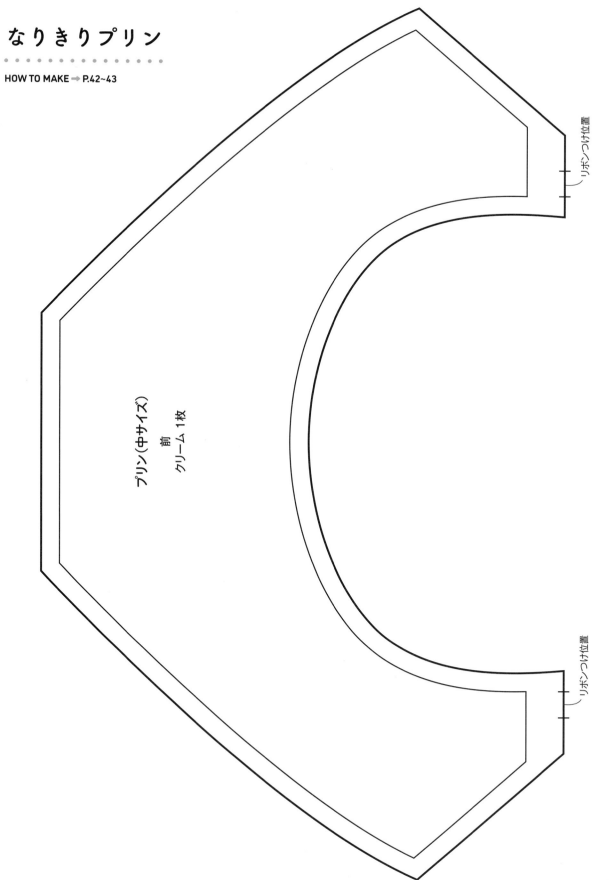

プリン(中サイズ)
前
クリーム 1枚

リボンつけ位置

リボンつけ位置

型紙　🩶　なりきりプリン

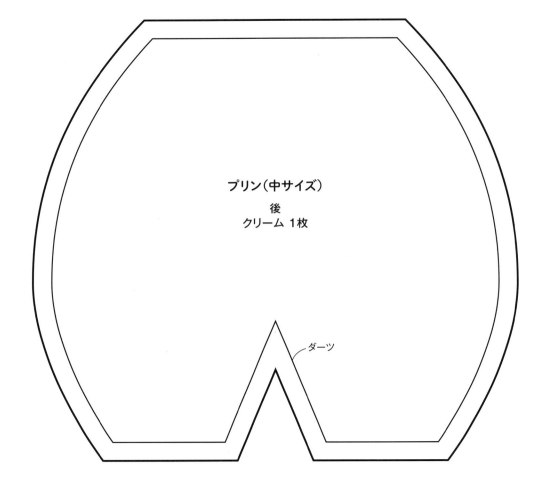

プリン（中サイズ）
後
クリーム 1枚

ダーツ

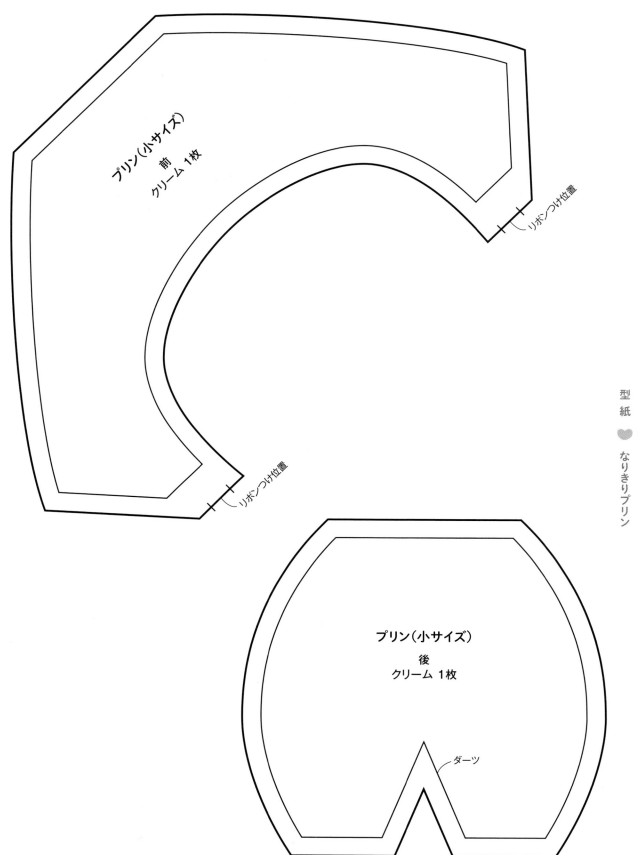

プリン（小サイズ）
前
クリーム 1枚

リボンつけ位置

リボンつけ位置

プリン（小サイズ）
後
クリーム 1枚

ダーツ

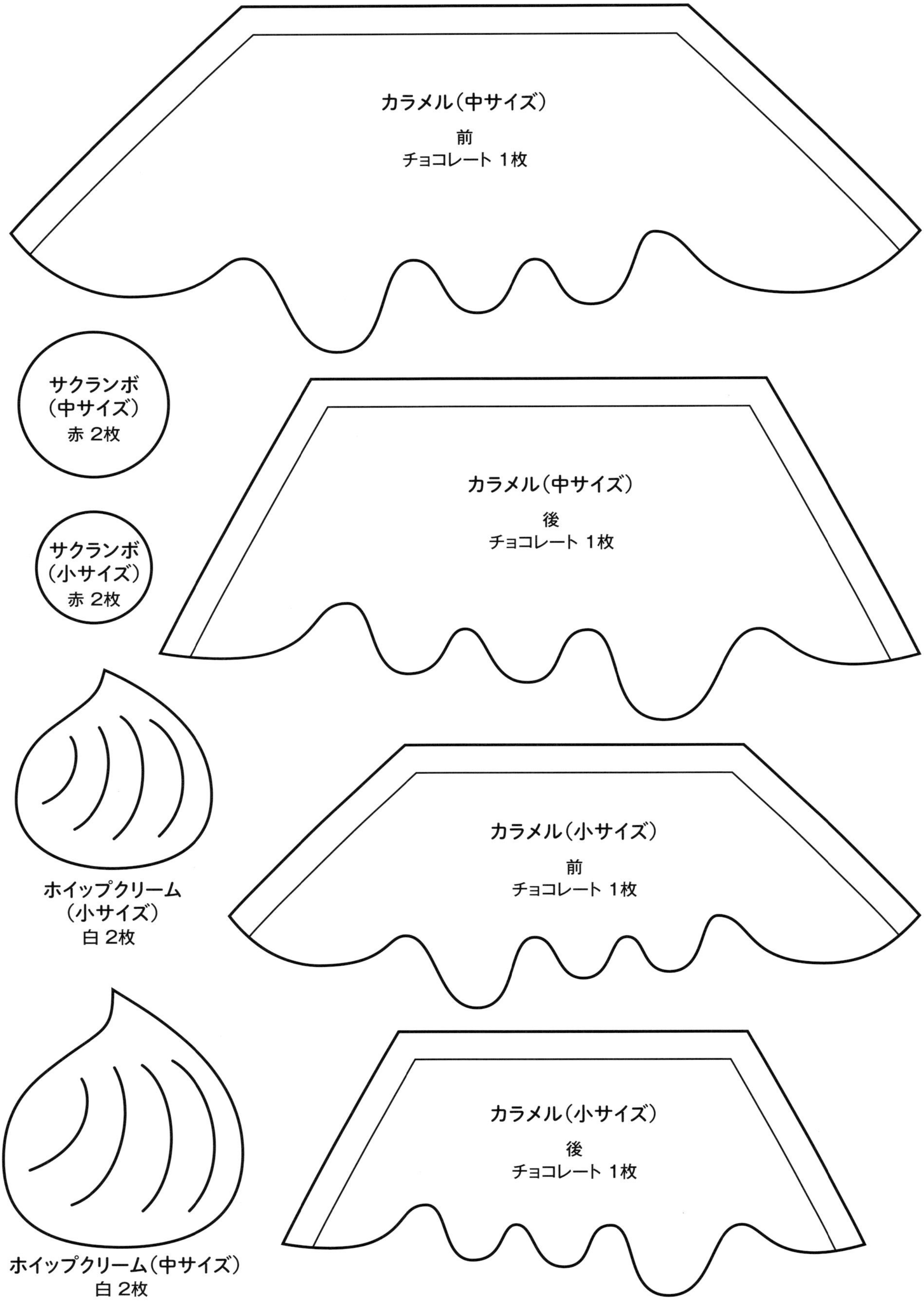

カラメル（中サイズ）

前

チョコレート 1枚

サクランボ
（中サイズ）
赤 2枚

サクランボ
（小サイズ）
赤 2枚

カラメル（中サイズ）

後

チョコレート 1枚

ホイップクリーム
（小サイズ）
白 2枚

カラメル（小サイズ）

前

チョコレート 1枚

ホイップクリーム（中サイズ）
白 2枚

カラメル（小サイズ）

後

チョコレート 1枚

なりきり鏡餅＆柏餅

HOW TO MAKE ➡ P.44〜45

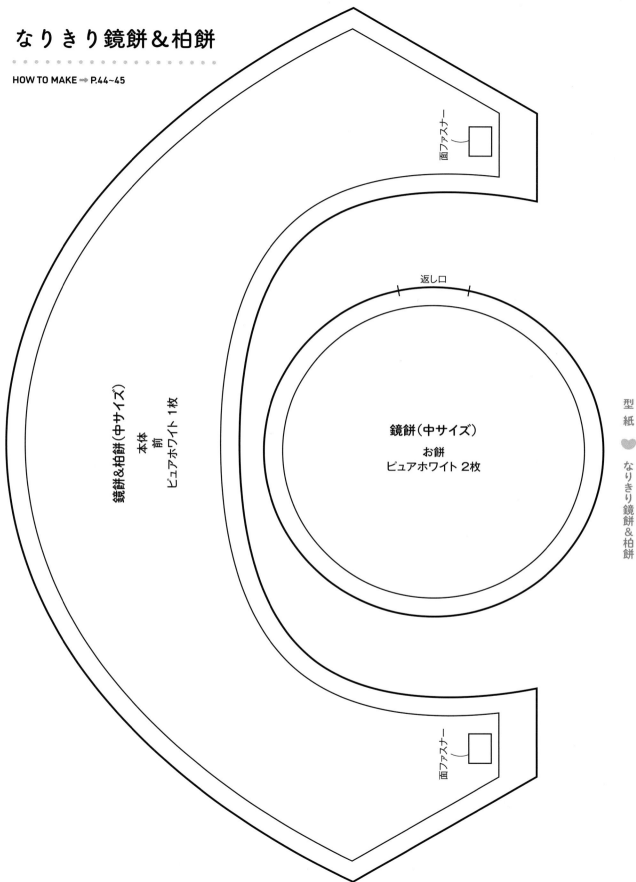

面ファスナー

返し口

鏡餅（中サイズ）
お餅
ピュアホワイト 2枚

鏡餅＆柏餅（中サイズ）
本体
前
ピュアホワイト 1枚

面ファスナー

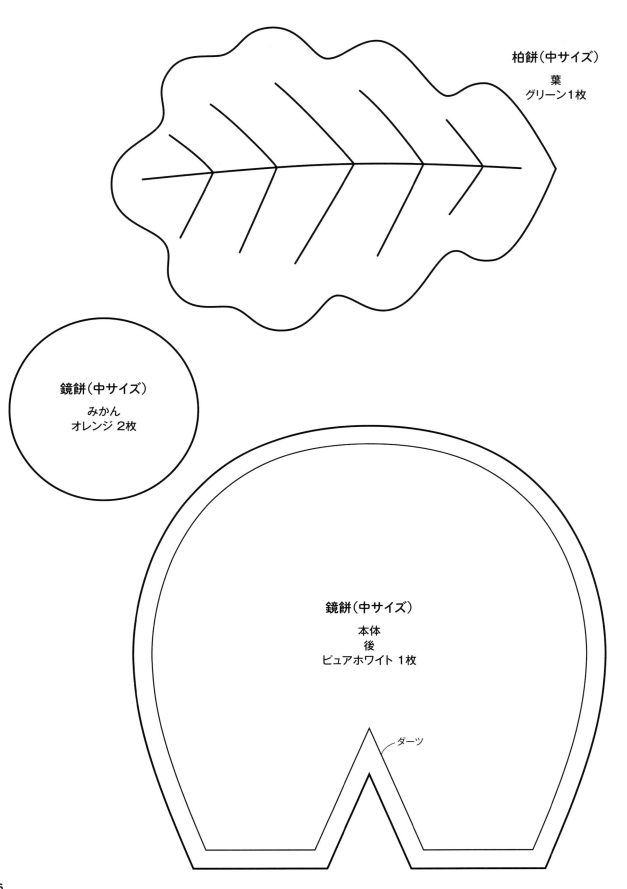

柏餅（中サイズ）

葉
グリーン1枚

鏡餅（中サイズ）

みかん
オレンジ 2枚

鏡餅（中サイズ）

本体
後
ピュアホワイト 1枚

ダーツ

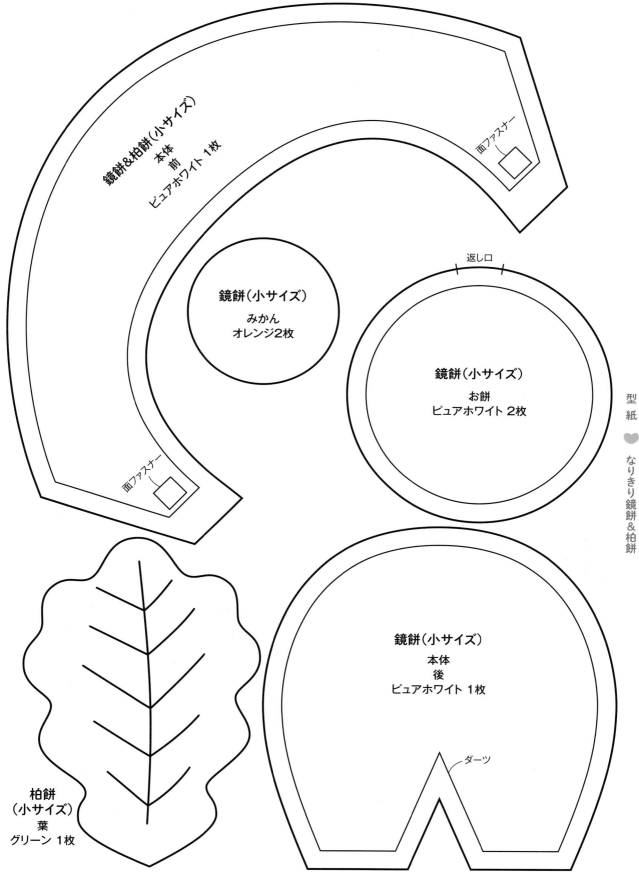

鏡餅&柏餅(小サイズ)
本体
前
ピュアホワイト 1枚

面ファスナー

面ファスナー

鏡餅(小サイズ)
みかん
オレンジ2枚

返し口

鏡餅(小サイズ)
お餅
ピュアホワイト 2枚

鏡餅(小サイズ)
本体
後
ピュアホワイト 1枚

ダーツ

柏餅
(小サイズ)
葉
グリーン 1枚

なりきりこいのぼり

HOW TO MAKE ➡ P.46~47

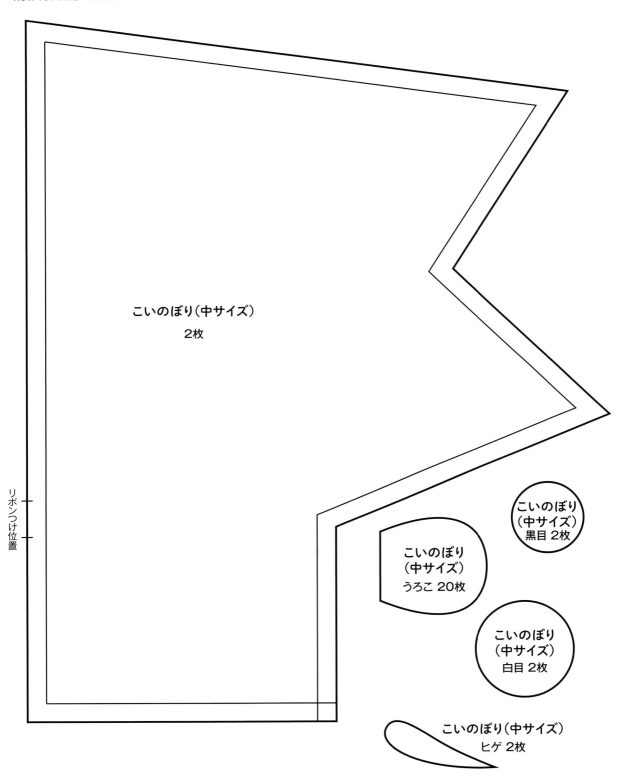

型紙 💙 なりきりこいのぼり

リボンつけ位置

こいのぼり（中サイズ）
2枚

こいのぼり
（中サイズ）
うろこ 20枚

こいのぼり
（中サイズ）
黒目 2枚

こいのぼり
（中サイズ）
白目 2枚

こいのぼり（中サイズ）
ヒゲ 2枚

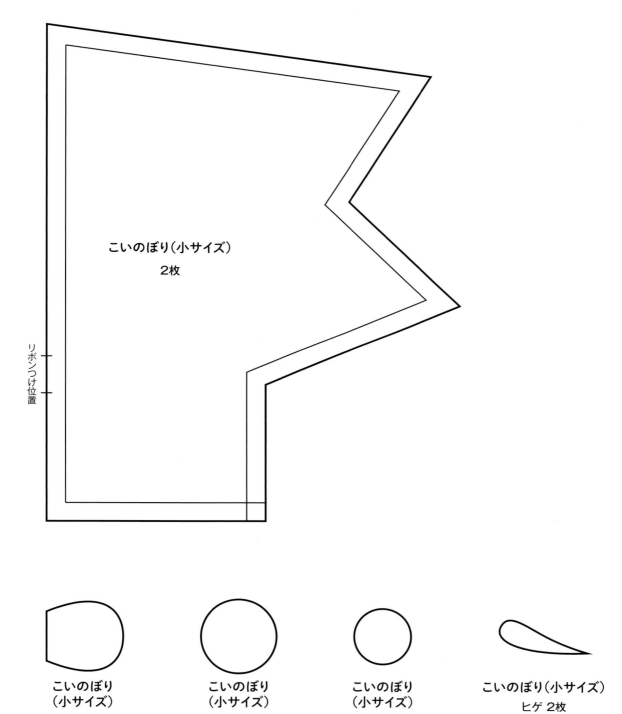

リボンつけ位置

こいのぼり（小サイズ）
2枚

こいのぼり
（小サイズ）
うろこ 14枚

こいのぼり
（小サイズ）
白目 2枚

こいのぼり
（小サイズ）
黒目 2枚

こいのぼり（小サイズ）
ヒゲ 2枚

なりきりクリスマスツリー

HOW TO MAKE ➡ P.48~49

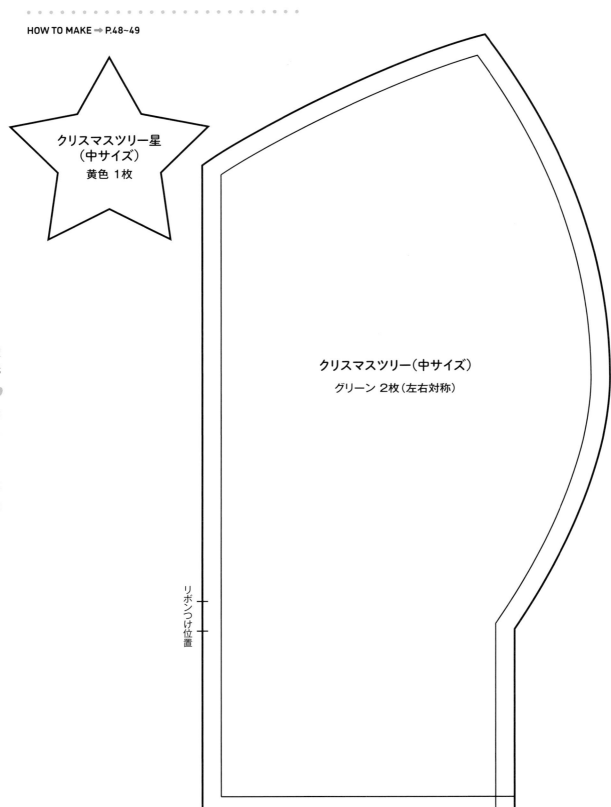

クリスマスツリー星
（中サイズ）
黄色 1枚

クリスマスツリー（中サイズ）
グリーン 2枚（左右対称）

リボンつけ位置

型紙　♥　なりきりクリスマスツリー

クリスマスツリー星
（小サイズ）
黄色 1枚

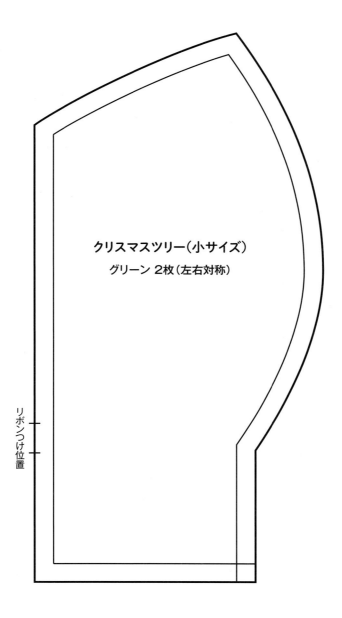

クリスマスツリー（小サイズ）
グリーン 2枚（左右対称）

リボンつけ位置

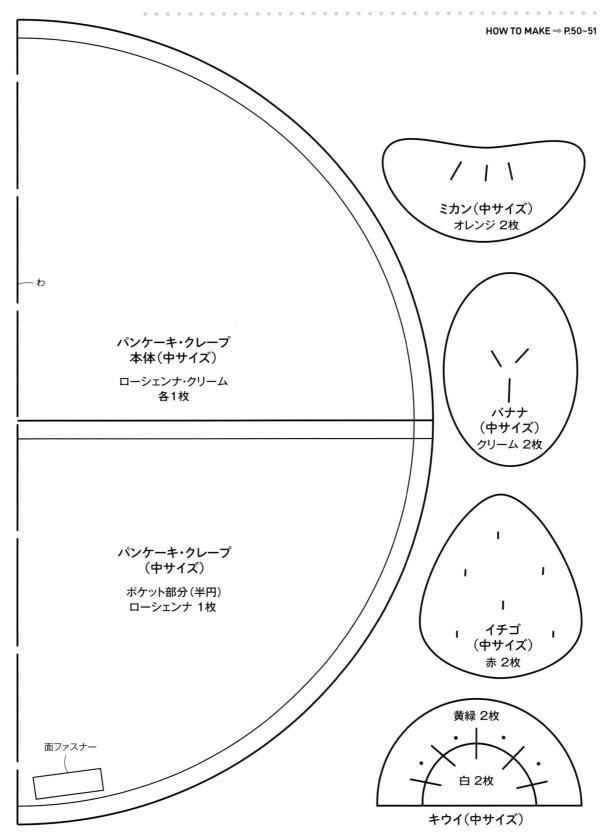

型紙　❤　パンケーキのおふとん＆クレープのおくるみ

ー わ

パンケーキ・クレープ
本体（中サイズ）

ローシェンナ・クリーム
各1枚

パンケーキ・クレープ
（中サイズ）

ポケット部分（半円）
ローシェンナ 1枚

面ファスナー

ミカン（中サイズ）
オレンジ 2枚

バナナ
（中サイズ）
クリーム 2枚

イチゴ
（中サイズ）
赤 2枚

黄緑 2枚

白 2枚

キウイ（中サイズ）

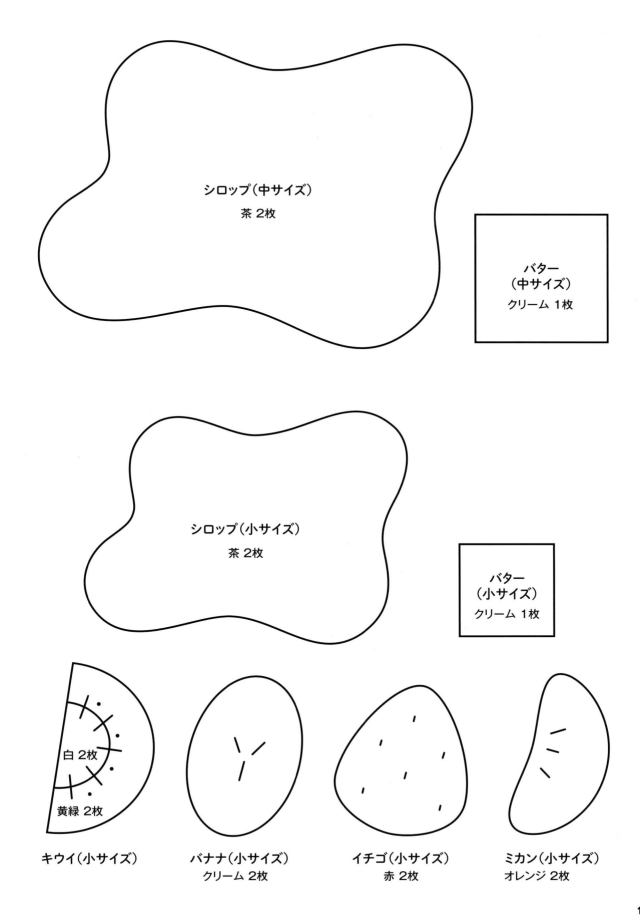

シロップ（中サイズ）
茶 2枚

バター
（中サイズ）
クリーム 1枚

シロップ（小サイズ）
茶 2枚

バター
（小サイズ）
クリーム 1枚

白 2枚

黄緑 2枚

キウイ（小サイズ）

バナナ（小サイズ）
クリーム 2枚

イチゴ（小サイズ）
赤 2枚

ミカン（小サイズ）
オレンジ 2枚

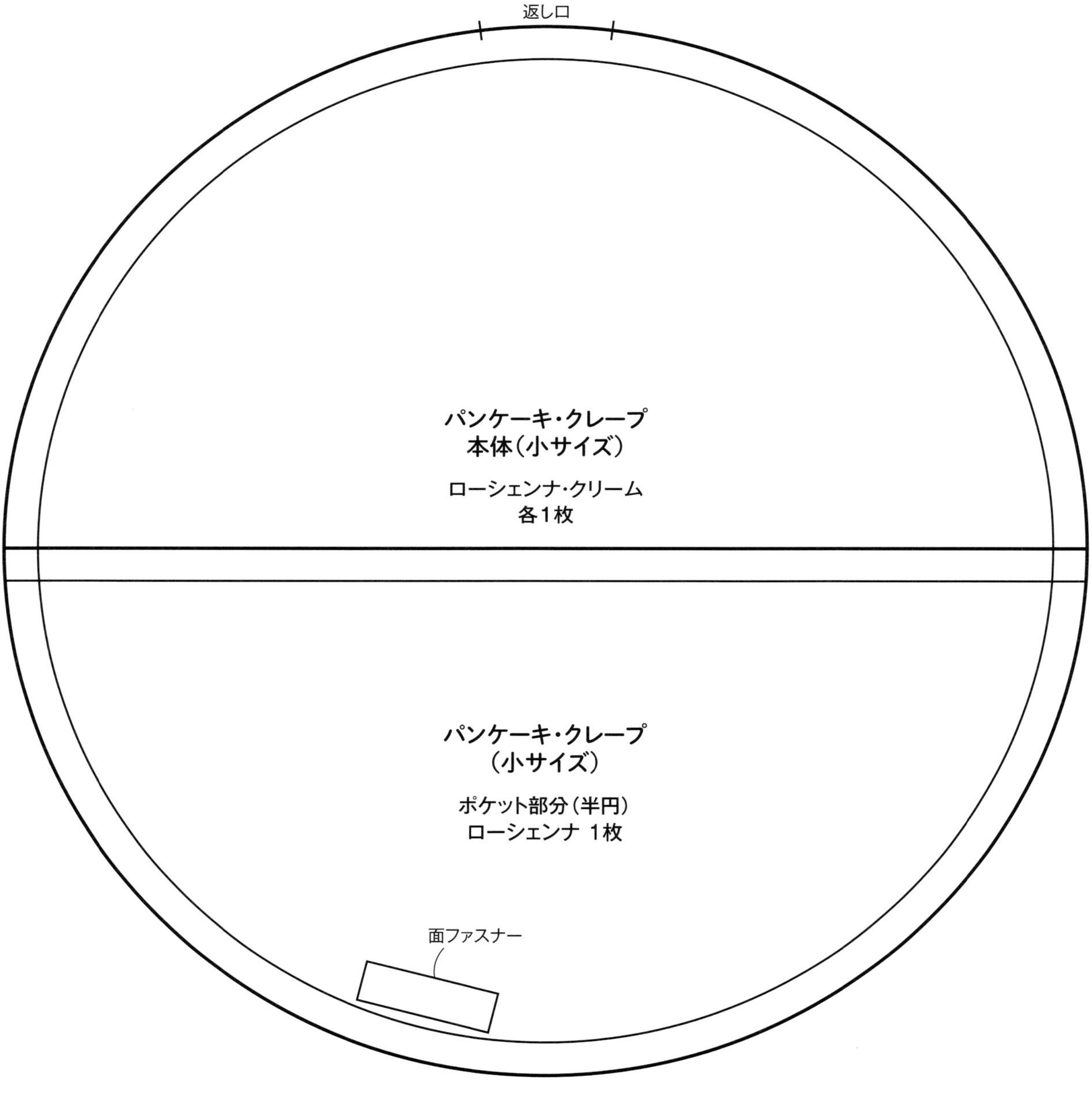

返し口

パンケーキ・クレープ
本体（小サイズ）

ローシェンナ・クリーム
各1枚

パンケーキ・クレープ
（小サイズ）

ポケット部分（半円）
ローシェンナ 1枚

面ファスナー

王子様のコスチューム〈中サイズ用〉

HOW TO MAKE ➡ P.52~54

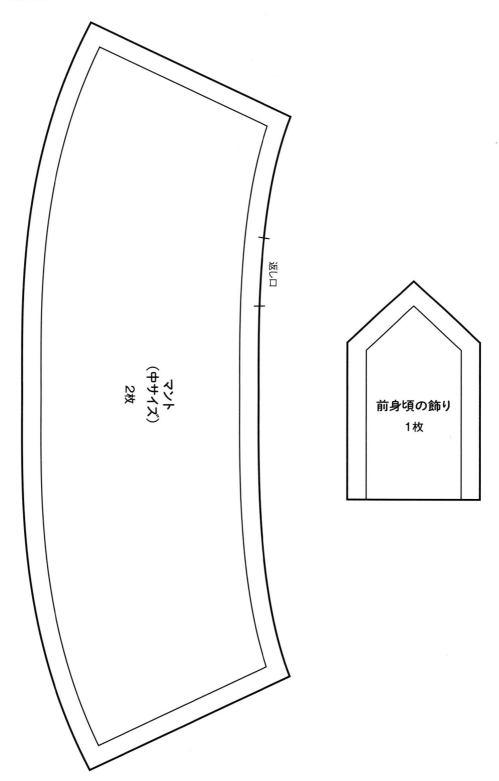

返し口

マント
（中サイズ）
2枚

前身頃の飾り
1枚

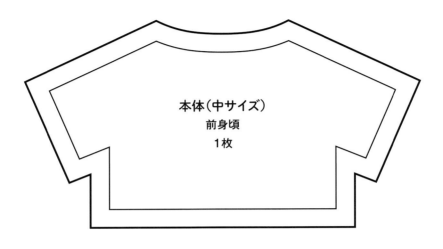

本体（中サイズ）
前身頃
1枚

面ファスナー

本体（中サイズ）
後ろ身頃・左
1枚

面ファスナー

本体（中サイズ）
後ろ身頃・右
1枚

王子様のコスチューム〈小サイズ用〉

HOW TO MAKE ➡ P.55~56

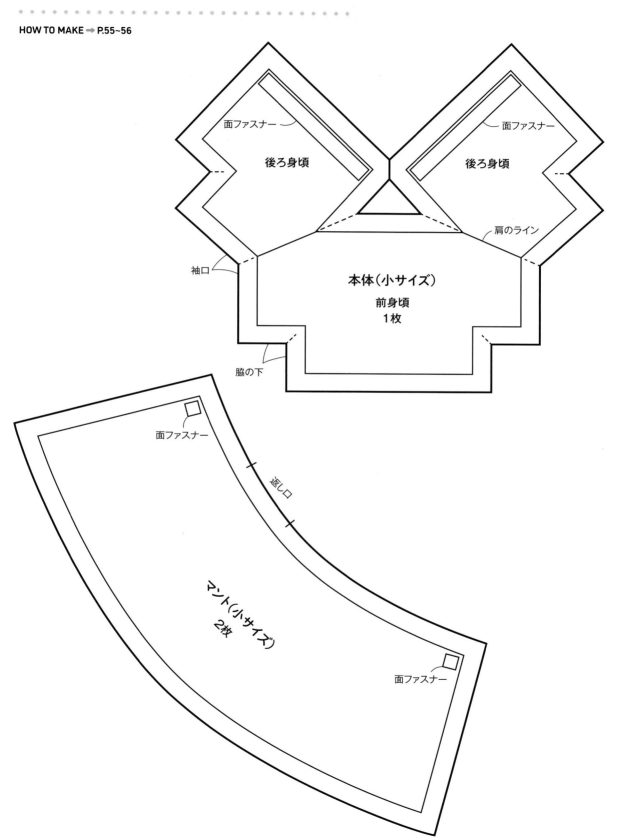

面ファスナー

後ろ身頃

面ファスナー

後ろ身頃

肩のライン

袖口

本体（小サイズ）

前身頃
1枚

脇の下

面ファスナー

返し口

マント（小サイズ）
2枚

面ファスナー

作品デザイン・制作

ぴよぴっこ

fu-rin

hopemade

rii

グッズプロ（吉田美帆・伊藤直美）

zuu

モデルぬい制作

ぴよぴっこ

kyon

Staff

編集	田口香代
ブックデザイン	土屋裕子（株式会社ウエイド）
撮影	鏑木希実子 天野憲仁（日本文芸社）
スタイリング	オコナー真希子
手順撮影協力	hopemade〈Part2〉 北條雅子（ミシン工房ハチドリ）〈Part1〉
トレース	森崎達也（株式会社ウエイド）

［素材提供］

●ハマナカ株式会社
コーポレートサイト hamanaka.co.jp
TEL.075-463-5151（代）

●横田株式会社・DARUMA
http://www.daruma-ito.co.jp/
TEL.06-6251-2183

●グッズプロ
https://lit.link.goodspro
※本書のモデルぬいはすべて「ぬいパタ（グッズプロ）」、
また一部に「トイスケルトン（PARABOX）」を使用。

推しぬいコーディネートBOOK

2023年12月1日　　第1刷発行

編　者	日本文芸社
発行者	吉田芳史
印刷所	株式会社 文化カラー印刷
製本所	大口製本印刷株式会社
発行所	株式会社 日本文芸社

〒100-0003　東京都千代田区一ツ橋1-1-1 パレスサイドビル8F

TEL 03-5224-6460（代表）

内容に関するお問い合わせは、小社ウェブサイトお問い合わせフォームまでお願いいたします。
URL https://www.nihonbungeisha.co.jp/

Printed in Japan　112231122-112231122 Ⓝ 01 (201113)
ISBN978-4-537-22157-2
ⒸNIHONBUNGEISHA 2023
編集担当　和田